교사용 지도서

나를 발견하는 여행

초등인성교육 늘봄 교재

"나를 발견하는 여행" 교사용 지도서

발행일   2025년 3월 28일

지은이   유충열, 김수진, 신혜란, 장미진
발행인   인성교육실천교원연합 위원장 추치엽
기획·집필   총괄 팀장 교수 유충열
집필위원   김수진, 신혜란, 장미진
삽화위원   김수진
검토위원   추치엽, 한남정, 강미숙, 추은엽
발행처   인성교육실천교원연합 12176 경기도 남양주시 화도읍 마석로 45번길 8-3 투게더빌딩 2층
홈페이지   https://tupep.co.kr
사무처   031-511-3679
팩스   031-591-3678

펴낸이   차석호
펴낸곳   드림공작소
출판등록   2019-000005 호
주소   부산광역시 남구 수영로 298, 산암빌딩 10층 1001호 드림공작소
전화번호   010-3227-9773
이메일   veron48@hanmail.net

편집/디자인 (주)북랩
제작처   (주)북랩 www.book.co.kr

ISBN   979-11-91610-24-6 63370 (종이책)   979-11-91610-25-3 65370 (전자책)

초등 인성교육 늘봄교재

나를
발견하는
여행

리더: 유충열
글: 김수진
      신혜란
      장미진
AI 삽화: 김수진

 인성교육교원실천연합

목차

있는 그대로의 '나'

'나'의 모습과 내면의 마음을 잘 살펴 있는 그대로의 '나'를 사랑합시다.

'나' 살피기

1-1-❶ '나'의 이름은?

1. 목표와 목적

가. 교육 목표

1) 자기 인식 개발

학생들이 자신의 이름에 대해 긍정적으로 인식하고, 자신을 소중히 여기는 마음을 기를 수 있도록 돕습니다.

2) 공감 촉진

다른 사람들의 이름을 존중하고 예쁘게 부르는 방법을 배우며, 서로의 개성을 존중하는 방법을 익힙니다.

3) 긍정적인 자기표현 촉진

자신의 이름을 예쁘게 꾸미고, 자긍심을 느낄 수 있는 활동을 통해 자신감을 높입니다.

나. 교육 목적(발달적 연관성)

1) 정서적 발달

1학년과 2학년 학생들은 자기 인식이 중요하고, 자아 존중감이 형성되는 시기입니다. 이 수업은 학생들이 긍정적인 자아상을 형성하도록 돕습니다.

2) 사회적 발달

학생들은 서로의 이름을 존중하고, 친구들과 협력하는 방법을 배우며 사회적 상호작용의 중요성을 인식합니다.

2. 수업 구성

가. 학습 성과

학생들이 자신의 이름을 예쁘게 부르고, 쓸 수 있으며, 자신에 대해 긍정적인 태도를 기를 수 있도록 합니다. 학생들은 다른 사람의 이름을 존중하며, 서로를 긍정적으로 표현하는 방법을 익힙니다.

나. 제안 시간: 각 활동의 시간을 설정합니다

1) '나와 너의 이름은?' 단계: 10분

2) '찾아보기' 단계 (노래 부르기, 예쁜 말 카드 꾸미기): 20분

3) '감사하기' 단계 (감사 표현하기): 10분

다. 준비물

1) 색종이, 풀, 색연필 등 미술용품

2) 하트 모양 색종이, 예쁜 말 카드

3) 노래 가사 또는 음원 〈당신은 누구십니까?〉

<출처: https://cafe.daum.net>

라. 수업 준비 팁

1) 수업 전에 학생들에게 활동에 사용할 색종이, 색연필 등을 준비하도록 안내합니다.

2) 노래 가사를 준비하여, 학생들이 쉽게 따라 부를 수 있도록 합니다.

3. 활동 지침

가. 수업 목표 제시

1) 이름의 중요성과 특별함을 느끼며 서로 존중하는 마음을 키웁니다.

2) 이름을 예쁘게 부르고 쓰는 활동을 통해 표현력과 자신감을 기릅니다.

나. 수업 전개

마음 열기 　'나'와 '너'의 이름은?

◆ **수업 계획:** 10분

▶ **수업 시작 (2분)**

교사: 안녕하세요, 여러분! 오늘은 우리가 서로의 이름을 예쁘게 불러보고, 정성스럽게 써 보는 시간을 가져볼 거예요. 이름은 우리가 소중하게 생각하는 것 중 하나죠. 자, 이제 우리가 서로의 이름을 어떻게 부를지 생각해볼까요?

(교사는 학생들이 집중할 수 있도록 손을 흔들며 관심을 끌고, 학생들이 답할 때 웃으면서 반응해 주세요.)

▶ **이름 예쁘게 부르기 (3분)**

교사: "자, 이제 여러분이 나와 함께 이름을 예쁘게 부를 거예요. 먼저, 제 이름을 예쁘게 불러볼까요? 선생님 이름은 '○○○ 선생님'이에요. 그런데 '○○○ 선생님'보다 조금 더 예쁘게 부를 수 없을까요?"

(학생들이 대답할 때마다 적극적으로 반응하고, 예쁜 발음으로 이름을 부를 수 있게 유도합니다.)

교사: 어떤 방법이 좋을까요? '○○○ 선생님'을 더 사랑스럽게 불러볼 수 있어요. 예를 들어, '○○○ 선생님, 안녕하세요!' 혹은 '선생님~!' 이렇게 말할 수 있어요. 여러분의 이름도 그렇게 예쁘게 불러볼 거예요!

(학생들에게 자신의 이름을 예쁘게 부를 방법을 생각해 보라고 합니다.)

교사: 이제 여러분 차례예요. 내 이름을 예쁘게 부를 수 있을까요? 각자 친구들의 이름을 부를 때는 더욱 예쁘게 불러볼 수 있어요. 누구의 이름을 부르고 싶나요?

▶ **이름 예쁘게 쓰기 (4분)**

교사: 이제 두 번째 활동! 우리가 서로의 이름을 예쁘게 불렀다면, 이번에는 그 이름을 예쁘게, 정성스럽게 써 볼 거예요. 준비물은 다들 가지고 있죠?

(학생들이 종이나 연필을 꺼내도록 유도합니다.)

교사: 여러분이 이제 자기 이름을 크게 써 볼 거예요. 이름을 쓸 때는 꼭! 예쁘고 정성스럽게 써야 해요. 글씨가 커지면 더 멋지겠죠?

(잠깐의 시간 동안 학생들이 자기 이름을 예쁘게 써볼 수 있도록 지도합니다. 교사는 학생들이 잘 쓰고 있는 지 살펴보며 다가가서 격려해 줍니다.)

교사: 자, 여러분, 이제 다 썼나요? 이름을 예쁘게 써봤으니, 이제 친구들과 서로 보여 주면서 '와, 너의 이름 정말 예쁘게 썼구나!'라고 칭찬해보세요.

▶ 마무리 (1분)

교사: "오늘은 이름을 예쁘게 불러보고, 예쁘게 써 본 시간이었어요. 여러분의 이름은 정말 소중하고, 특별한 거예요. 앞으로도 서로 이름을 예쁘게 불러주고, 칭찬도 많이 해주세요! 우리 자신의 이름을 크게, 예쁘게 불러볼까요?"

학생: 각자 자신의 이름을 크게, 예쁘게 부른다.

교사: 네. 잘했어요. 우리 짝꿍의 이름도 크게, 예쁘게 불러봅시다.

학생: 각자 짝꿍의 이름을 크게, 예쁘게 부른다.

교사: 네, 잘했어요. 그럼, 우리 다음 활동을 해볼까요?

(교사가 학생들이 다음 활동을 할 수 있도록 유도합니다.)

◆ **수업 계획: 20분**

- 준비물: 색종이, 연필, 풀 등

▶ **도입 (2분)**

교사: 여러분, 안녕하세요! 오늘은 우리 모두 함께 노래를 부르면서 아주 재미있는 활동을 할 거예요. 먼저, '당신은 누구십니까?'라는 노래를 신나게 불러볼까요?

(학생들이 흥미를 느낄 수 있도록, 교사가 먼저 노래를 살짝 부르며 리듬을 소개해 주면 좋습니다.)

교사: 자, 모두 자리에서 일어나서 신나게 노래를 불러볼 준비 됐나요?

▶ **활동 1: '당신은 누구십니까?'**〈출처: https://cafe.daum.net〉 노래 부르기 (5분)

교사: 그러면 이제 다 같이 '당신은 누구십니까?' 노래를 부를 거예요. 노래 가사에 맞춰서 손도 흔들고, 리듬도 타며 즐겁게 불러보세요.

(노래를 신나게 부르면서 리듬을 맞추고, 학생들이 함께 참여할 수 있도록 유도합니다.)

교사: 여러분, 정말 잘 부르셨어요! 이제, 우리가 신나게 노래를 부른 것처럼 오늘 수업도 재미있게 진행할 거예요.

▶ **활동 2: 예쁜 말 카드 만들기 (9분)**

교사: 이제 두 번째 활동을 시작할 거예요. 우리는 예쁜 말 카드를 만들 거예요. 교재에 예쁜 말 카드가 나와 있죠? 선생님이 시범을 보여줄게요. 선생님은 '아름답다 카드'를 선택했어요. 준비물은 색종이, 연필, 풀 등이에요.

교사: 먼저 색종이를 하트 모양으로 잘라주세요. 하트 모양이 다 준비되면, 그 안에 예쁜 말을 써주세요. 예를 들어, '사랑해요', '고마워요', '착해요' 같은 멋진 말을 쓸 것입니다. 선생님은 '아름답다 카드'를 선택했기 때문에 '아름답다' 글자를 적을 거예요.

(학생들이 색종이를 자르고, 예쁜 말을 쓸 수 있도록 천천히 지도합니다.)

교사: 이제 여러분이 쓴 예쁜 말을 하트 모양 카드에 다 썼다면, 이제 여러분의 이름을 예쁜 하트 카드에 붙여 볼 거예요. 여러분의 이름도 예쁘게 꾸며 보세요!

(학생들이 하트 카드에 이름을 붙이면서 꾸미는 시간을 가집니다.)

교사: 모두 잘하고 있나요? 이제 다 만들었으면, 나의 이름이 적힌 예쁜 카드가 완성됐어요!

▶ 마무리 (1분)

교사: 오늘 우리는 신나게 노래도 부르고, 예쁜 말을 담은 카드를 만들어 봤어요. 여러분이 만든 예쁜 카드, 나중에 집에 가서 부모님께 보여 주면 정말 좋아하실 거예요.

교사: 오늘 수업을 통해서 여러분이 얼마나 멋지고 예쁜 마음을 가졌는지 느낄 수 있었어요. 너무 잘했어요!

교사: 이제 수업을 마칠 시간이 되었어요. 모두 오늘 활동이 즐거웠나요?

(학생들이 대답할 시간을 주며 마무리합니다.)

다. 수업 정리

감사하기

◆ **감사 나누기**(10분)

▶ **'마음 열기' 단계- "나와 너의 이름은?"**

교사: 나와 너의 이름을 예쁘게 불러봅시다.

학생: 큰소리로 이름을 부릅니다.

교사: 여러분, 오늘 우리가 어떤 수업을 했는지 기억하나요? 한번 얘기해볼까요?

(학생들의 대답을 유도합니다. 학생들이 자유롭게 각자 얘기할 수 있도록 합니다.)

학생: 자유롭게 대답합니다.

교사: 네, 잘 기억하고 있네요. 우리는 오늘 자신의 이름과 친구들의 이름을 크게, 예쁘게 불렀어요. 또 크고 예쁘게 그리고 정성스럽게 써 보았어요. 그리고 〈당신은 누구십니까?〉 노래도 불렀어요. 그리고 예쁜 말 카드로 나의 이름을 예쁘게 꾸며 보았어요.

(학생들이 교사의 말에 집중할 수 있도록 합니다.)

교사: 이제는 이런 활동을 통해 감사함을 찾는 "나는 무엇을 해서 고마워?" 활동 시간입니다. 여러분이 이름을 예쁘게 부르고, 꾸민 것처럼, 다른 사람들에게도 감사한 마음을 찾고, 전할 수 있어요. 잘할 수 있겠어요?

(학생들의 자발적인 대답을 유도합니다.)

교사: 여러분, '나는 무엇을 해서 고마워'라고 생각해 봐요. 예를 들어, 나는 내가 친구에게 좋은 말을 해줘서 고마워요. 또는 내가 오늘 내가 사랑하는 사람에게 예쁜 이름을 불러줘서 고마워요. 여러분도 그런 순간을 찾아서 적어보세요.

교사: 이제 각자 '나는 무엇을 해서 고마워'라는 문장을 생각해 보면서, 그 이유를 적어보세요. 예를 들면, '나는 친구에게 웃음을 주어 고마워요'라든지, '나는 이런 이쁜 이름을 지어주신 할아버지께 감사해요'라고 적을 수 있어요. 다 작성하면 한 명씩 얘기해 볼 거예요.

(학생들이 감사한 마음을 적어볼 시간을 주고, 한 명씩 얘기할 수 있도록 수업을 진행해 주세요.)

교사: 이렇게 우리가 서로 감사하는 마음을 찾고 표현하는 건 정말 중요한 일이에요. 우리 모두 서로 고마운 마음을 잘 나누어 보아요. 오늘 수업 열심히 잘한 우리 모두에게 큰 박수를 보냅니다.

(학생들이 스스로 손뼉을 칠 수 있도록 유도하면서 수업을 마친다)

4. 촉진 전략

가. 지지적이고 포용적인 학습 환경 조성

모든 학생이 편안하게 자신의 이름을 표현할 수 있도록, 격려와 칭찬을 아끼지 않습니다. 수업 중 서로의 이름을 예쁘게 부를 때 학생들이 서로 존중하는 분위기를 유지할 수 있도록 유도합니다.

나. 그룹 토론 및 활동 관리

학생들이 자신과 다른 학생들의 이름을 존중하는 법을 배우는 데 집중하고, 활동을 통해 자신의 의견을 자유롭게 표현할 수 있는 기회를 제공합니다.

다. 민감한 주제 다루기

감정이나 개성에 관해 이야기할 때, 학생들이 불편함 없이 자신의 감정을 표현할 수 있도록 배려합니다. 학생들이 서로의 이름과 개성을 존중하도록 유도하며, 예쁜 말 카드나 이름을 꾸밀 때 모두가 존중받고 있다는 느낌을 받을 수 있도록 합니다.

5. 추가 자료

가. 추천 동요나 동화

〈당신은 누구십니까?〉라는 자신과 타인에 대해 질문하고 탐구하는 내용의 곡입니다. 이러한 질문을 던지는 주제와 유사한 동요나 동화에는 자아 탐색, 타인에 대한 이해, 그리고 존재에 대한 의문을 다루는 작품들이 많습니다. 아래는 그와 비슷한 주제를 다룬 동요와 동화입니다.

1) 동요

〈작은 별〉 (Twinkle, Twinkle, Little Star)

가 동요는 우주와 별에 대한 궁금증을 표현하고 있으며, "별이 왜 그렇게 빛나는지"에 대한 질문을 던집니다. 자신과 세상의 존재에 대한 호기심을 표현하는 곡입니다.

〈나의 이름〉

"나의 이름은 무엇일까?"라는 질문을 통해 자신을 찾고, 내가 누구인지에 대해 생각해 보는 내용의 동요입니다. 개인의 정체성과 자아에 대한 탐구와 연결될 수 있습니다.

〈구름〉

구름을 보며 구름이 무엇이고, 왜 하늘을 떠다니는지를 묻는 내용을 다룬 동요입니다. 존재 이유와 세계에 대한 궁금증을 표현한 곡으로, 자신과 세상의 관계에 대해 생각하게 만듭니다.

2) 동화

〈이상한 나라의 앨리스〉 (Lewis Carroll)

앨리스가 이상한 나라로 떨어져 다양한 캐릭터들을 만나면서 겪는 자아 탐구와 존재의 의미를 찾는 이야기를 담고 있습니다. 앨리스는 끊임없이 자신의 존재와 세상에 대한 의문을 던지며 이야기가 전개됩니다.

〈어린 왕자〉 (Antoine de Saint-Exupéry)

이 동화는 어린 왕자가 여러 별을 여행하면서 자신과 타인을 이해하고, 사랑과 관계의 진정성에 대해 깨닫는 과정을 그립니다. '내가 누구인가'라는 질문을 넘어, '나는 어떤 존재인지'에 대한 깊은 성찰이 담겨 있습니다.

〈피터 팬〉 (J.M. Barrie)

피터 팬은 성장이 멈춘 소년으로, "나는 누구인가?", "나는 어디에서 왔는가?" 등의 질문을 던지며 성장과 자아 탐색의 의미를 찾아가려고 하는 인물입니다. 이 동화는 자아와 현실을 탐구하는 이야기를 다룹니다. 이와 같은 동요와 동화들은 자아 탐색과 타인에 관한 질문을 중심으로 이야기가 전개되며, "나는 누구인가?"라는 질문에 대한 깊은 성찰을 유도합니다.

나. 활동

1) 자기소개 카드 만들기

가) 목표

학생들이 자기 자신에 대해 더 잘 알 수 있도록 돕고, 타인의 차이를 이해하는 활동입니다.

나) 활동 방법

학생들에게 자기소개 카드를 만들도록 합니다. 카드에는 이름, 좋아하는 것, 꿈, 특기 등을 적고 그림도 그릴 수 있도록 유도합니다. 학생들이 카드를 공유하며 자신을 소개하고, 다른 친구들의 특징을 알아가는 시간을 갖습니다. 이 활동을 통해 학생들은 자신과 타인과의 차이를 이해하고, 각자의 개성을 존중하는 법을 배웁니다.

2) 내가 하고 싶은 직업 찾기

가) 목표

학생들이 자신의 관심사와 장점을 통해 자기 자신에 대해 생각해 보고, 나와 다른 사람들의 꿈과 목표를 이해할 수 있게 합니다.

나) 활동 방법

학생들에게 다양한 직업 사진을 보여 주고, 각 직업에 대해 간단한 설명을 합니다. 학생들은 자신이 원하는 직업을 고르고 왜 그 직업을 선택했는지 친구들에게 설명합니다. 이 과정에서 학생들은 서로 다른 꿈과 목표를 가진 친구들의 이야기를 듣고, 서로의 차이를 존중하게 됩니다.

3) 나와 다른 친구의 입장 바꾸기

가) 목표

타인의 입장을 이해하고 공감하는 능력을 기르는 활동입니다.

나) 활동 방법

학생들에게 간단한 상황을 제시합니다. 예를 들어, "내가 친구의 장난감이 마음에 들지 않아서 빼앗았다"라는 상황을 제시하고, 학생들이 두 역할을 바꿔서 각자의 입장에서 이야기하도록 합니다. 이 활동을 통해 학생들은 타인의 입장에서 생각하고 공감하는 방법을 배울 수 있습니다.

4) 자기 자신을 표현하는 그림 그리기

가) 목표

자기 자신을 시각적으로 표현하고, 나의 특성과 특징을 이해하는 활동입니다.

나) 활동 방법

학생들에게 자신을 대표하는 그림을 그리도록 합니다.

그림 속에는 자기 외모나 좋아하는 것, 특기 등을 그릴 수 있습니다. 그림을 그린 후 친구들과 자신의 그림에 관해 이야기하고, 어떤 점이 자신을 나타내는지 설명합니다. 이 활동을 통해 학생들은 자기 자신을 표현하고, 다른 사람의 특징을 존중하는 법을 배웁니다.

5) '나는 어떤 사람일까?' 질문지 작성

가) 목표

자기 자신에 관한 생각을 깊이 있게 하도록 돕고, 나를 잘 알게 하는 활동입니다.

나) 활동 방법

학생들에게 간단한 질문지를 나누어줍니다. 예를 들어, "내가 좋아하는 색은 무엇인가요?", "내가 좋아하는 음식을 세 가지 적어보세요.", "내가 가장 자랑스러워하는 점은 무엇인가요?" 등의 질문을 통해 자기 자신에 대해 생각해봅니다. 질문에 답하면서 자신을 돌아보고, 친구들과 함께 답을 나누며 서로를 더 잘 알게 됩니다.

6) 이름과 관련된 다양한 이야기나 동화책을 읽고, '자기 이름의 의미'에 대해 이야기해
볼 수 있습니다.

7) 예쁜 말 카드를 추가로 준비하여, 학생들이 더 다양한 방법으로 자신의 이름을 꾸미
고 표현할 수 있도록 지원합니다.

6. 교사 노트

가. 다양한 교실에 맞게 교과서 내용 조정

학생들의 개별적인 차이를 고려하여, 각자의 속도에 맞춰 활동을 진행합니다.

일부 학생은 더 많은 시간 동안 꾸미기 활동에 집중할 수 있으며, 다른 학생은 간단한 글씨
쓰기만으로도 만족할 수 있도록 유도합니다.

나. 문화적 가치나 주제 통합

학생들의 지역사회나 문화적 배경에 맞는 이름과 관련된 전통이나 이야기를 나누어, 자기 이
름의 가치를 더욱 강조합니다.

다. 수업 개인화

교사의 스타일에 맞게 학생들의 특성을 반영하여, 수업을 유연하게 진행합니다.

예를 들어, 학생들이 더 창의적으로 활동할 수 있도록 유도하거나, 반응이 좋은 활동을 반복
적으로 활용할 수 있습니다.

1-1-❷ '나'의 하루 살피기

1. 목적과 목표

가. 교육 목표

1) 자기 인식 개발

학생들이 자신의 신체적 특성을 이해하고, 자기 자신을 사랑하는 방법을 배우며 긍정적인 자아감을 기릅니다.

2) 공감 촉진

짝꿍과의 활동을 통해 서로의 차이를 인식하고, 상대방의 특징을 이해하는 경험을 쌓습니다.

3) 긍정적인 자기표현 촉진

학생들이 자신의 특성을 긍정적으로 표현하고, 상대방의 특성을 존중하며 이야기하는 방법을 배웁니다.

나. 교육 목적(발달적 연관성)

1) 1학년, 2학년 정서적, 사회적 발달 요구

- 1학년: 자아 개념의 형성과 더불어 친구들과의 협력을 배우는 시기입니다. 신체적 차이를 비교하며 자신의 특성을 긍정적으로 받아들이는 경험을 쌓습니다.
- 2학년: 친구와의 관계에서 나와 타인을 비교하고, 공감 능력을 키우는 시기입니다. 신체 활동을 통해 경쟁이 아닌 협력의 중요성을 배우고, 정서적으로 안정된 자기표현을 배우게 됩니다.

2. 수업 구성

가. 학습 성과

1) 학생들이 자신의 신체적 특성을 이해하고, 자신과 타인의 차이를 인정하며 긍정적인 표현

을 사용합니다.

2) 학생들이 짝꿍과 함께 활동하며 공감하고 협력하는 경험을 쌓습니다.

나. 제안 시간

1) 활동 1, 2, 3 (누구의 손/발/키가 더 클까?): 각 활동당 약 15분

2) 스티커 붙이기 및 자기표현, 나의 하루 살피기: 약 15분

3) 감사하기: 약 10분

다. 준비물

1) 스티커 북 (하트, 별)

2) 미술 도구 (스티커, 색연필)

3) 신체 활동을 할 수 있는 공간 (체육관, 교실 등)

4) 활동 설명지

라. 수업 준비 팁

1) 짝꿍을 미리 정하고, 신체 활동을 위한 공간과 준비물을 확인합니다.

2) 학생들이 활발히 참여할 수 있도록 분위기를 유도하는 것이 중요합니다.

3. 활동 지침

가. 수업 목표

1) 나의 신체를 이해하고, 자신과 친구의 신체적 특징을 긍정적으로 표현합니다.

2) 짝과 함께 놀이를 통해 신체 특징을 나누고, 서로를 존중하는 마음을 키웁니다.

나. 수업 전개

마음 열기　'나'의 신체는?

◆ **수업 계획:** 15분

▶ **도입** (교사 인사 및 수업 소개)

교사: 여러분, 오늘은 우리가 서로의 신체를 비교해보면서 친구와 함께 재미있는 놀이를 해볼 거예요. 신체 놀이를 통해 나의 몸과 친구의 몸을 알아보고, 서로를 더 잘 이해할 수 있을 거예요. 준비물로 하트 스티커와 별 스티커를 준비했어요.

(주의 사항 전달)

교사: 놀이를 할 때 서로의 신체를 존중하면서 안전하게 활동해야 해요. 친구를 다치게 하지 않도록 주의하세요!

<놀이 활동>

1. 누구의 손이 더 클까?
- 짝꿍과 서로 손바닥을 맞대기
- 손바닥이 더 큰 학생은 하트 스티커, 손바닥이 작은 학생은 별 스티커 붙이기

2. 누구의 발이 더 클까?
- 짝꿍과 서로 발바닥을 맞대기
- 발바닥이 더 큰 학생은 하트 스티커, 발바닥이 작은 학생은 별 스티커 붙이기

3. 누구의 키가 더 클까?
- 짝꿍과 등을 맞대고, 서로의 키를 비교하기
- 키가 더 큰 학생은 하트 스티커, 키가 작은 학생은 별 스티커 붙이기

▶ 본 활동

활동 1: '누구의 손이 더 클까?'

　　교사: 첫 번째로, 짝꿍과 함께 손을 맞대고 손바닥의 크기를 비교해보세요. 누가 더 큰지 확인해보세요. 손바닥이 더 큰 친구는 하트 스티커를, 작은 친구는 별 스티커를 받게 될 거예요. 준비, 시작!

　　(학생들은 짝과 손바닥을 맞대고 크기를 비교하며 활동합니다. 큰 손바닥을 가진 학생은 하트 스티커를, 작은 손바닥을 가진 학생은 별 스티커를 받습니다.)

활동 2: '누구의 발이 더 클까?'

　　교사: 이번에는 발을 맞대고 발바닥의 크기를 비교해 볼 거예요. 누가 더 큰지 확인하고, 발바닥이 큰 친구는 하트 스티커, 작은 친구는 별 스티커를 받게 될 거예요. 준비, 시작!

　　(학생들은 짝과 발바닥을 맞대고 크기를 비교하며 활동합니다. 큰 발바닥을 가진 학생은 하트 스티커를, 작은 발바닥을 가진 학생은 별 스티커를 받습니다.)

활동 3: '누구의 키가 더 클까?'

　　교사: 이번에는 서로 등을 맞대고, 키를 비교해보세요. 누가 더 큰지 확인하고, 키가 큰 친구는 하트 스티커, 작은 친구는 별 스티커를 받게 될 거예요. 준비, 시작!

　　(학생들은 짝과 등을 맞대고 키를 비교하며 활동합니다. 키가 큰 친구는 하트 스티커를, 작은 친구는 별 스티커를 받습니다.)

▶ 마무리

(스티커 붙이기 및 나와 친구에 대한 긍정적 말하기)

　　교사: 이제 각자 받은 스티커를 종이에 붙여 볼 거예요. 스티커를 붙인 후, 자기 소개할 때처럼 말을 해볼 거예요. 내가 몇 개의 하트 스티커를 받았는지, 별 스티커를 받았는지 말해보세요.

활동 1 (자기소개): 저는 하트가 ( )개이고, 별이 ( )개인 사랑스럽고, 빛나는 존재입니다.

　　　　　　　　　　　　　　　　　　　　　　　　(학생들이 자신에 대해 말하며 자기소개)

활동 2 (짝꿍 소개): 짝꿍은 하트가 ( )개이고, 별이 ( )개인 사랑스럽고, 빛나는 존재입니다.

(학생들이 짝꿍에 대해 긍정적으로 소개하며 마무리)

교사 마무리: 오늘 활동을 통해 자신과 친구의 몸을 비교하면서 서로를 더 잘 알게 되었죠? 우리는 모두 각자 다르지만, 모두 다 소중하고 빛나는 존재라는 걸 기억하세요.

떠올리기   '나'의 하루 살피기

◆ **수업 계획:** 15분

▶ 도입

교사: 여러분, 안녕하세요! 오늘은 우리가 하루 동안 어떤 말을 했는지 살펴보는 시간을 가져
보려고 해요. 우리 모두 말은 참 중요한 것 같아요. 왜냐하면 우리가 하는 말이 다른 사람에
게 기쁨을 줄 수도 있고, 때로는 슬픔을 줄 수도 있기 때문이에요. 그럼, 오늘은 우리가 '예쁜
말'과 '미운 말'에 대해 이야기해 볼 거예요!

▶ 예쁜 말 소개

교사: 먼저, '예쁜 말'이 무엇일까요? 예쁜 말은 사람을 기쁘게 해주는 말이에요. 예를 들어,
'고마워요!' '사랑해요!' '잘했어요!' 이런 말들이 바로 예쁜 말이에요. 이런 말은 들으면 기분이
좋아지고, 상대방도 더 행복하게 만들어 줄 수 있어요.

(예시) 선생님: "여러분, 오늘 누군가에게 예쁜 말을 했던 기억이 있나요?"(학생들이 대답할 수 있도록 유도)

교사: 제가 오늘 여러분을 보고 '잘했어요!'라고 말했죠? 그게 바로 예쁜 말이에요. 다른 친구
들에게도 이런 예쁜 말을 해볼 수 있겠죠?

▶ 미운 말 소개

교사: 이제 '미운 말'에 대해 이야기해볼까요? 미운 말은 사람을 기분 나쁘게 할 수 있는 말이
에요. 예를 들어, '이런, 왜 이렇게 못 해?' '너 왜 그랬어?' 이런 말은 상대방을 슬프게 만들 수
있어요. 물론 우리가 꼭 나쁜 마음으로 그런 말을 하는 건 아니지만, 그 말이 누군가에게 상
처를 줄 수 있어요.

(예시) 선생님: "혹시 오늘 하루 중에 미운 말을 했던 기억이 있나요?

(학생들에게 생각해 볼 시간을 준다)

교사: 그럴 때, 우리는 어떻게 해야 할까요? 그런 말 대신 '어떻게 하면 더 잘할 수 있을까?'라고 말해보면 상대방도 기분이 좋아질 거예요.

▶ 나의 하루 살피기 활동

교사: 자, 이제 우리가 하루 동안 했던 예쁜 말과 미운 말을 한 번 떠올려 볼 거예요. 각자 오늘 하루 동안 어떤 예쁜 말을 했는지, 어떤 미운 말을 했는지 생각해 보세요. 그럼, 잠깐 생각할 시간을 줄게요.

(잠시 생각할 시간을 준 후)

교사: 이제 여러분이 생각한 예쁜 말과 미운 말을 친구들과 나눠볼까요? 한 명씩 손을 들어서, 오늘 한 예쁜 말이나 미운 말을 이야기해 주세요."

(학생들이 나누기)

▷예시 대화:

학생 1: 오늘 친구에게 '너랑 놀아서 행복해!'라고 말했어요.

선생님: 와! 정말 예쁜 말이에요. 친구가 얼마나 기뻐했을까요?

학생 2: 저는 엄마에게 '왜 이렇게 늦었어요?'라고 말했어요.

선생님: 아, 그 말은 좀 미운 말이었네요. 그럴 때는 '엄마, 기다렸어요!'라고 말하면 더 좋았을 것 같아요.

다. 수업 정리

감사하기

◆ 감사 나누기(10분)

교사: 우리는 오늘 자기 신체를 잘 이해하고, 자신의 하루를 살펴보았어요. 이제는 지난 시간에 했던 것처럼 이런 활동을 통해 감사함을 찾는 "나는 무엇을 해서 고마워?" 활동 시간입니다. 여러분, '나는 무엇을 해서 고마워'라고 생각해 봐요. 이제 각자 '나는 무엇을 해서 고마워'라는 문장을 생각해 보면서, 그 이유를 적어보세요. 작성한 후 지난 시간처럼 한 명씩 얘기해 봅시다.

(학생들이 감사한 마음을 적어볼 시간을 주고, 한 명씩 얘기할 수 있도록 수업을 진행해 주세요.)

교사: 이렇게 우리가 서로 감사하는 마음을 찾고 표현하는 건 정말 중요한 일이에요. 우리 모두 서로 고마운 마음을 잘 나누어 보아요. 오늘 수업 열심히 잘한 우리 모두에게 큰 박수를 보냅니다.

(학생들이 스스로 손뼉을 칠 수 있도록 유도하면서 수업을 마친다)

교사: (마지막 인사) "그럼, 모두 내일 또 만나요. 안녕~!"

4. 촉진 전략

가. 지지적이고 포용적인 학습 환경 조성

학생들이 편안한 마음으로 자신을 표현할 수 있도록 격려합니다.

활동 중 학생들이 서로의 신체 차이를 긍정적으로 이해할 수 있도록 지원합니다.

나. 그룹 토론 및 활동 관리

학생들이 서로의 의견을 존중할 수 있도록 수업 분위기를 조성합니다.

활동 후, "서로 다른 점을 어떻게 느꼈나요?"와 같은 질문을 통해 학생들이 서로의 차이를 이해할 수 있도록 돕습니다.

다. 민감한 주제 다루기

신체 비교와 같은 주제는 민감할 수 있으므로 학생들이 자신감을 잃지 않도록 긍정적인 언어와 행동으로 다가갑니다.

차이가 아니라 '다름'을 인정하며, 상대방의 특성을 존중하는 방향으로 활동을 이끌어갑니다.

5. 추가 자료

신체와 하루를 살필 수 있는 동요와 동화는 어린이들이 일상생활에서 몸과 하루의 중요성을 배우고 인식할 수 있게 돕는 좋은 자료입니다. 아래는 그와 관련된 동요와 동화 추천입니다.

가. 동요: <몸이 튼튼>

가 동요는 신체의 여러 부위와 그것들이 어떻게 건강하게 작용하는지에 대해 설명하는 노래입니다. 아이들에게 신체를 살피는 법과 함께 건강한 생활 습관을 가르쳐 줄 수 있습니다.

가사 예시: "머리, 어깨, 무릎, 발, 팔, 다리, 모두 모두 튼튼해요!"

<나의 하루>

이 동요는 일과를 통해 어린이들이 시간을 어떻게 보내는지, 그리고 일상에서 해야 할 일들을 인식하는 데 도움을 줍니다. 아침에 일어나서 잠자리에 들 때까지의 하루를 따라가면서 시간을 살피는 법을 배울 수 있습니다.

가사 예시: "아침에 일어나 세수하고, 밥을 먹고 학교 가요."

<내 몸의 소리>

이 노래는 아이들이 신체 부위를 살피면서 그 부위들이 어떻게 움직이고 소리 나는지 배울 수 있습니다.

가사 예시: "두 손 두 발로, 뛰어놀아요! 내 몸이 말해요, 건강하게!"

나. 동화: <똑똑한 몸> (작자 미상)

이 동화는 아이들이 신체의 각 부위가 어떻게 서로 협력하는지 배우는 이야기입니다. 몸의 각 부위가 어떻게 움직이고 건강을 유지하는지 알려주는 내용으로, 신체에 대한 이해를 높일 수 있습니다.

〈하루 일과〉 (작자 미상)

이 동화는 한 어린이가 하루 동안 어떤 활동을 하고, 그 활동을 통해 하루를 어떻게 보낼 수 있는지에 대한 이야기를 담고 있습니다. 아침에 일어나서 저녁에 잠자리에 들 때까지의 일과를 자연스럽게 배우게 됩니다.

〈몸과 마음〉 (작자 미상)

이 이야기는 신체와 마음이 어떻게 연결되어 있는지를 다룹니다. 신체가 건강할 때 마음도 행복해진다는 교훈을 주며, 몸과 마음의 균형을 중요하게 다룹니다.

▶ 이 동요와 동화들은 신체와 하루의 중요성을 자연스럽게 배우고 즐겁게 익힐 수 있는 좋은 자료입니다. 아이들이 흥미롭게 배울 수 있도록 도와주며, 신체와 하루의 의미를 더 잘 이해할 수 있을 것입니다.

다. 나의 감정 알아보기

1) 활동 설명

학생들이 하루 동안 느낀 감정을 그림으로 그리거나 색깔로 표현하는 활동입니다. 예를 들어, 기쁨은 노란색, 슬픔은 파란색 등으로 감정을 색으로 나타내고, 그 감정을 느꼈던 상황도 간단히 이야기합니다.

2) 목표

학생들이 자신의 감정을 이해하고 표현하는 능력을 기를 수 있습니다.

3) 나의 몸 움직이기

- 활동 설명

학생들이 자기 신체 각 부위를 움직여보는 활동입니다. 예를 들어, 손을 흔들거나 발을 굴리기, 목을 돌리기 등 다양한 신체 활동을 통해 몸의 각 부위가 어떻게 움직이는지 알아보게 합니다.

- 목표

신체 각 부분의 기능과 움직임을 익히고, 신체 인식 능력을 향상하게 시킵니다.

4) 나의 하루 타임라인 그리기

- 활동 설명

학생들이 하루 동안 했던 일을 시간 순서대로 그려보는 활동입니다. 아침에 일어난 시간, 학교에 가는 시간, 점심 먹는 시간 등을 나열하고 그림으로 그리면서 자신의 하루 일정을 시각적으로 정리해봅니다.

- 목표

학생들이 하루 일정을 시간순으로 정리하고, 자기 자신과 일상을 돌아보는 기회를 제공합니다.

6. 교사 노트

가. 교과서 내용 조정

학생들의 수준에 맞추어 활동을 단순화하거나, 내용을 좀 더 깊이 있게 다룰 수 있습니다.

다양한 신체적 능력과 관심을 고려하여 활동을 유연하게 조정합니다.

나. 문화적 가치 반영

각 지역의 문화적 배경에 맞게 자기표현을 유도할 수 있는 방식으로 활동을 다듬을 수 있습니다.

다. 교사의 교육 스타일

학생들에게 격려와 지지를 보내며, 그들의 독특한 개성과 능력을 존중하는 수업을 진행합니다.

1-1-❸ '나' 인터뷰하기

1. 목적과 목표

가. 교육 목표

1) 자기 인식 개발

학생들이 자신을 탐색하고 자기 자신을 이해하는 능력을 개발한다.

2) 공감 촉진

다른 사람의 생각과 감정을 이해하고 존중하는 태도를 기른다.

3) 긍정적인 자기표현 촉진

자신에 대해 긍정적으로 말하는 방법을 배우고, 자신감을 키운다.

나. 발달적 연관성

가 수업은 1학년, 2학년 학생들의 정서적, 사회적 발달에 적합합니다. 학생들이 자신을 인식하고 표현하는 과정에서 자아 존중감을 높이고, 타인과의 소통 능력을 기를 수 있습니다.

2. 수업 구성

가. 학습 성과

1) 학생들은 자신에 관한 질문을 통해 자기 자신을 탐구하고, 자신에 대해 긍정적으로 표현하는 방법을 배웁니다.

2) 학생들은 자신의 선호, 음식, 잘하는 것, 싫어하는 것에 대해 구체적으로 설명할 수 있습니다.

3) 학생들은 '나는 나는 누구일까?' 책을 통해 자신과 타인을 비교하고, 공감하는 능력을 키웁니다.

나. 제안 시간

1) 도입 활동: 10분

그림책 〈나는 나는 누구일까?〉 읽기 및 수수께끼 풀기

2) 본 활동: 20분

'나 인터뷰하기' 질문에 답하며 발표 준비하여 각자 발표하기

3) 마무리 활동: 10분

자신에 대한 감사의 말을 나누고, 서로 존중하는 태도 기르기

다. 준비물

1) 그림책 〈나는 나는 누구일까?〉 (영상 링크 제공)

2) 낱말 카드 (수수께끼의 답을 고를 수 있는 카드)

3) 활동지 (자신에 대해 쓰고 발표할 수 있는 질문지)

4) 미술용품 (학생들이 자신을 그릴 수 있는 색연필, 종이 등)

라. 수업 준비 팁

1) 도입 활동

학생들이 적극적으로 참여할 수 있도록 그림책 영상을 보여준 후, 간단한 질문을 던져 학생들의 관심을 유도합니다.

2) 본 활동

인터뷰 질문지를 미리 배포하여 학생들이 스스로 생각하고 준비할 시간을 가질 수 있도록 합니다.

3) 마무리 활동

발표 후, 학생들이 서로 감사한 점을 이야기할 수 있는 시간을 마련하여 긍정적인 자기표현을 강화합니다.

3. 활동 지침

가. 수업 목표

1) 자신과 다른 사람을 이해하는 마음을 키웁니다.

2) '나는 누구일까?'라는 질문을 통해 자기 인식과 타인에 대한 이해를 높입니다.

3) 자신에 대해 구체적으로 말할 수 있는 능력을 기릅니다.

나. 수업 전개

마음 열기	'나'는 누구일까?

◆ **수업 계획** (10분)

▶ **도입** (2분)

교사: 여러분, 오늘은 '나는 누구일까?'라는 그림책을 읽어보면서 우리 자신을 알아보고, 서로에 대해 더 잘 이해해 보는 시간을 가질 거예요. 그럼, 이 그림책을 같이 읽어볼까요?

(책을 시작하기 전에 학생들에게 "여러분은 '나는 누구일까?'라고 물어본다면 뭐라고 대답할 수 있나요?"라고 질문하여 호기심을 유도한다.)

▶ **책 읽기** (4분)

(책 〈나는 나는 누구일까?〉 〈링크 주소 https://www.youtube.com/watch?v=bfeYu9Apaf4〉를 읽으며 각 장면에서 나오는 수수께끼를 함께 이야기하고, 학생들에게 그 의미에 대해 생각하게 합니다.)

교사: 이 수수께끼는 우리가 자신을 알아가는 과정과 비슷해요. 우리가 궁금한 것처럼, 다른 사람도 궁금할 때가 있어요. 그럼, 이제 수수께끼의 답을 한번 생각해볼까요?

▶ 말놀이 수수께끼 (3분)

(학생들에게 그림책에 나오는 수수께끼의 답을 낱말 카드에서 찾아보게 한다. 카드에는 여러 가지 단어가 적혀 있습니다. 교재를 참고하여 학생들이 제시된 낱말 카드에서 답을 찾도록 교사가 유도합니다.)

교사: 여기 카드들에 나오는 단어 중에서 수수께끼에 맞는 답을 고를 거예요. 어떤 단어가 맞을까요? 같이 생각해봅시다!

(수수께끼마다 학생들이 손을 들어 답을 말하게 하고, 그 이유를 설명하게 유도합니다.)

[예시: "이 수수께끼에서 답은 무엇일까요? '나는 하늘을 나는 새처럼 자유롭다.' 답은 무엇일까요?]

▶ 마무리 (1분)

교사: 오늘 배운 수수께끼처럼, 우리가 서로를 알아가고 이해하는 건 정말 중요해요. 나와 다른 사람을 이해하려면 마음을 열어야 하죠. 여러분은 오늘 어떤 부분이 가장 재미있었나요?

(학생들에게 간단한 피드백을 주고, 수업을 마친다.)

고르기   '나' 인터뷰하기

◆ **수업 계획**: 20분

수업 내용 및 계획

▶ 도입 (3분)

교사: 여러분, 오늘은 우리가 자기 자신을 소개하는 시간을 가질 거예요! 우리는 모두 특별한 사람이고, 각자 좋아하는 것과 잘하는 것이 있어요. 그럼, 자신에 대해 더 잘 알 수 있는 방법을 배워볼까요? 자기 자신을 소개할 때는 꼭 구체적으로 말하는 게 중요해요. 예를 들어, '나는 음악을 좋아해요'라고, 말하는 대신 '나는 피아노 연주를 좋아해요'라고 말하면 더 좋겠죠?"

▶ 본 활동 (12분)

▶ 내가 가장 좋아하는 것은 무엇일까요? (3분)

교사: 먼저, 여러분이 가장 좋아하는 것이 무엇인지 생각해봅시다. 좋아하는 것은 무엇이든 괜찮아요. 예를 들어, 좋아하는 취미나 활동, 책, 노래 등 어떤 것일까요?

학생들 발표 예시: "나는 색칠하기를 좋아해요!" "나는 책 읽는 걸 좋아해요!" "나는 친구들과 놀 때가 제일 좋아요."

교사: 좋아요! 이렇게 구체적으로 말해주는 게 아주 중요해요. 좋아하는 것을 말할 때, 왜 그게 좋아하는지 함께 말해보세요. 예를 들어, '나는 색칠하기를 좋아해요. 왜냐하면 그림을 그리고 색을 칠하면서 기분이 좋아지거든요'

▶ 내가 가장 좋아하는 음식(간식)은 무엇일까요? (3분)

교사: 자, 그럼, 여러분이 가장 좋아하는 음식이나 간식은 무엇인가요? 제일 좋아하는 음식이나 간식을 구체적으로 말해봅시다. 예를 들어, '나는 초콜릿을 좋아해요' 대신에 '나는 딸기

초콜릿을 좋아해요!' 이렇게 말해보세요.

학생들 발표 예시: "나는 떡볶이를 좋아해요! 맵고 달콤한 맛이 좋아요." "나는 아이스크림을 좋아해요. 특히 바나나 맛이 좋아요."

교사: 잘했어요! 음식이나 간식을 소개할 때는 그 맛이나 특징을 덧붙여서 더 구체적으로 말하는 것이 중요해요.

▶ 내가 가장 잘하는 것은 무엇일까요? (3분)

교사: 여러분이 가장 잘하는 것이 무엇인가요? 잘하는 것에는 여러 가지가 있을 수 있어요. 예를 들어, 그림 그리기, 노래 부르기, 뛰어다니기 등 여러분이 잘하는 것을 말해볼까요?

학생들 발표 예시: "나는 축구를 잘해요!" "나는 그림 그리기를 잘해요!" "나는 친구들에게 공부를 가르쳐주는 걸 잘해요."

교사: 멋지네요! 자신이 잘하는 것을 말할 때도 왜 잘하는지, 어떻게 잘하는지 구체적으로 말해보면 더 잘 전달돼요. 예를 들어, '나는 축구를 잘해. 왜냐하면 매일 연습하고 친구들과 함께 경기하는 걸 좋아하거든요'라고 말하면 더 좋아요.

▶ 내가 가장 싫어하는 것은 무엇일까요? (3분)

교사: 이제 여러분이 가장 싫어하는 것이 무엇인지 말해볼까요? 싫어하는 것도 여러 가지가 있을 거예요. 예를 들어, 싫어하는 음식이나 행동 등이 있을 수 있겠죠?

학생들 발표 예시: "나는 거짓말을 싫어해요!" "나는 혼자 있는 게 싫어요!" "나는 매운 음식을 싫어해요."

교사: 잘했어요! 싫어하는 것도 구체적으로 말하는 것이 중요해요. 예를 들어, '나는 거짓말을 싫어해요. 왜냐하면 친구들이 상처받을 수 있기 때문이에요' 이렇게 말하면 더 이해하기 쉬워요.

▶정리 (5분)

교사: "오늘 우리가 배운 것은 자기 자신을 구체적으로 소개하는 방법이었어요. 여러분이 좋

아하는 것, 잘하는 것, 싫어하는 것에 대해 조금 더 잘 알게 되었나요? 우리는 오늘 배운 것을 바탕으로 친구들에게 자신을 소개할 수 있어요. 이제 각자 한 사람씩 나와서 자신을 소개해볼까요?"

(학생들 발표: 각자 준비한 내용을 발표하도록 유도합니다.)

▶ 마무리 (2분)

교사: "오늘 잘했어요! 다음 시간에는 여러분이 발표한 내용을 더 잘 표현할 수 있도록 연습할 거예요. 자기 자신에 대해 말하는 것이 이렇게 재미있고 중요하다는 것을 잊지 마세요!"

이렇게 20분 동안의 수업을 진행하면, 학생들이 자신을 잘 표현하는 방법을 배우고, 구체적인 예시를 들어 발표하는 연습을 할 수 있습니다.

다. 수업 정리

감사하기

◆ **감사 나누기**(10분)

교사: 우리는 오늘 '나는 누구일까?'와 '나 인터뷰하기' 활동을 통해 나와 타인에 대해 잘 관찰하고 이해하는 시간을 가졌습니다. 이제는 지난 시간에 했던 것처럼 이런 활동을 통해 감사함을 찾는 "나는 무엇을 해서 고마워?" 활동 시간입니다. 여러분, '나는 무엇을 해서 고마워'라고 생각해 봐요. 이제 각자 '나는 무엇을 해서 고마워'라는 문장을 생각해 보면서, 그 이유를 적어보세요. 작성한 후 지난 시간처럼 한 명씩 얘기해봅시다.

(학생들이 감사한 마음을 적어볼 시간을 주고, 한 명씩 얘기할 수 있도록 수업을 진행해 주세요.)

교사: 이렇게 우리가 서로 감사하는 마음을 찾고 표현하는 건 정말 중요한 일이에요. 우리 모두 서로 고마운 마음을 잘 나누어 보아요. 오늘 수업 열심히 잘한 우리 모두에게 큰 박수를 보냅니다.

(학생들이 스스로 손뼉을 칠 수 있도록 유도하면서 수업을 마친다)

교사: (마지막 인사)

"그럼, 모두 내일 또 만나요. 안녕~!"

4. 촉진 전략

가. 지지적이고 포용적인 학습 환경

1) 학생들이 자신의 생각과 감정을 자유롭게 표현할 수 있도록 격려합니다.

2) 친구들의 발표를 경청하며, 서로 다른 의견을 존중하는 환경을 만듭니다.

나. 그룹 토론과 협력적 활동

1) 학생들이 함께 수수께끼를 풀거나 발표할 때, 서로 도와주고 협력할 수 있도록 유도합니다.

2) 학생들 간의 피드백을 통해 자아 존중감을 높이고, 긍정적인 소통을 유도합니다.

다. 민감한 주제 다루기

1) 학생들이 자신에 대해 이야기할 때 불편함을 느끼지 않도록 안전하고 신뢰할 수 있는 환경을 만들어야 합니다.

2) 부정적인 감정에 대한 표현도 존중받을 수 있도록 격려하고, 부정적 감정이 자연스러운 부분임을 인식시킵니다.

5. 추가 자료

그림책 〈나는 나는 누구일까?〉는 자아 탐색과 정체성에 대한 주제를 다루고 있습니다. 이 주제와 유사한 초등학교 1학년, 2학년 학생들에게 적합한 동요나 동화는 아이들이 자기 자신을 이해하고 자아를 발견하는 과정에 대해 생각해 볼 수 있게 돕는 내용을 담고 있습니다. 다음은 그런 주제와 유사한 동요나 동화입니다.

가. 동요: <자기야, 내가 누구야?>

가 동요는 아이들이 자기 자신을 찾고, "나는 누구인가?"라는 질문에 대한 답을 찾는 과정을 노래합니다. 가사에서 자신을 찾는 과정을 재미있고 친근하게 표현하고 있어 아이들이 쉽게 따라 부를 수 있습니다.

이 동요는 자신을 탐색하고 자아를 인식하는 내용을 다룹니다. 각자 다른 모습을 가질 수 있다는 점을 강조하며, 다양한 개성을 존중하는 메시지를 전합니다.

나. 동화: <나는 누구일까?> (원제: "Who Am I?")

가 동화는 아이들이 다양한 인물이나 동물들의 처지에서 자신이 누구인지를 질문하면서, 자신만의 특성과 자아를 발견하는 과정을 그립니다. 자아 탐색과 정체성에 대한 주제를 아이들이 쉽게 이해할 수 있게 풀어냅니다.

〈내 이름은 무엇일까?〉 (박경하 저)

이 책은 주인공이 자신의 이름을 통해 자신을 알아가는 과정을 그린 동화입니다. 이름을 통해 자신을 정의하고, 다양한 사람들과의 관계 속에서 자신의 정체성을 깨닫는 이야기를 다룹니다.

〈모두 다 다르게 생겼어요〉 (캐롤라인 제인 처치 저)

가 책은 아이들에게 각자가 고유한 특성과 차이를 지니고 있음을 알려주는 책입니다. 다양한 외모나 성격을 가진 사람들을 소개하며, 자기 자신을 있는 그대로 받아들이는 법을 알려줍니다.

가 동요와 동화들은 아이들이 자기 자신을 탐색하고, 정체성을 이해하는 데 도움을 줄 수 있으며, 자신을 긍정적으로 바라보는 태도를 키울 수 있는 좋은 자료들입니다.

다. 활동

1) '내가 누구일까?' 게임

학생들이 서로 돌아가며 자신에 대한 특징을 이야기합니다. 예를 들어, "나는 강아지를 좋아해요", "내 이름은 민수예요"와 같은 힌트를 주고, 다른 학생들이 그 사람이 누구일지 맞히는 게임입니다. 이 활동은 자신을 소개하면서 다른 친구들을 알 수 있는 좋은 기회를 제공합니다.

2) 친구 인터뷰

학생들이 짝을 이루어 서로 인터뷰합니다. 인터뷰할 때 "너의 취미는 무엇인가요?", "가장 좋아하는 음식은 무엇인가요?" 같은 간단한 질문을 던지고, 서로의 답을 기록합니다. 그런 후, 각자 인터뷰한 친구를 소개하는 시간을 가지며 친구에 대해 더 알아갈 수 있습니다.

3) '나의 꿈' 발표

학생들이 자기소개를 하면서 자신이 미래에 되고 싶은 직업이나 꿈을 이야기합니다. 예를 들어, "나는 의사가 되고 싶어요" 또는 "나는 우주비행사가 되고 싶어요"라고 말하며 자신을 표현합니다. 다른 학생들도 자신의 꿈을 공유하면서 서로를 이해하는 기회를 가질 수 있습니다.

6. 교사 노트

가. 교과서 내용 조정

다양한 학급의 학생들이 수업에 잘 적응할 수 있도록 수수께끼나 질문을 조정할 수 있습니다. 학생들의 성격이나 반응에 맞춰 활동을 유연하게 조정하고, 개별적인 피드백을 제공합니다.

나. 문화적 가치 통합

학생들이 속한 지역사회나 문화적 배경을 반영하여, 예를 들어 전통적인 음식이나 문화를 이 야기하는 시간을 마련할 수 있습니다.

다. 개인화된 수업

교사는 학생 개개인의 성향과 스타일을 반영하여 수업을 진행하고, 각자의 속도에 맞는 활동 을 지원할 수 있습니다.

1-2-❶ 내 마음속 여행

1. 목적과 목표

가. 교육 목표

1) 자기 인식 개발

학생들이 자신의 감정을 이해하고 표현하는 능력을 향상하게 시킵니다.

2) 공감 촉진

서로의 감정을 이해하고 공감하는 능력을 증진하게 시킵니다.

3) 긍정적인 자기표현 촉진

다양한 감정을 표현하는 방법을 배우며 자기표현을 긍정적으로 할 수 있도록 돕습니다.

나. 교육 목적(발달적 연관성)

수업은 1학년, 2학년 학생들의 정서적 및 사회적 발달에 맞춰 설계되었습니다. 이 연령대의 학생들은 감정 표현과 이해가 중요한 시기로, 본 수업은 감정을 구체적으로 인식하고 건강하게 소통하는 방법을 배울 수 있습니다. 감정 인식 및 자기표현 능력을 향상할 수 있습니다.

2. 수업 구성

가. 학습 성과

1) 학생들이 수업을 통해 감정을 표현하는 방법을 배울 수 있습니다.

2) 노래와 이야기를 통해 감정의 종류를 알고, 감정을 다른 사람과 공유하는 방법을 학습합니다.

3) 감정을 이모티콘과 함께 표현하며, 다른 사람의 감정을 공감할 수 있는 능력을 기릅니다.

나. 제안 시간

1) 노래 부르기(5분): 감정 표현을 위한 노래를 부르며 감정 인식 훈련

2) 이야기 듣기 및 짝 활동(25분): 감정에 관한 이야기를 듣고 감정을 탐구

3) 감정에 관한 생각을 공유하고 이해하기

4) 마무리(10분): 학습한 내용을 바탕으로 짧은 토론

다. 준비물

1) 감정 이모티콘

감정을 나타낼 수 있는 이모티콘 자료

2) 스피커와 화면

노래와 동화 영상을 시청할 수 있는 기기

3) 펜과 종이

짝 활동을 위한 기록 도구

라. 수업 준비 팁

1) 노래 및 동화 준비

미리 노래와 동화를 준비하고 학생들이 쉽게 볼 수 있도록 화면에 띄워 주세요.

2) 감정 이모티콘 자료 준비

다양한 감정을 나타낼 수 있는 이모티콘을 준비하고 학생들에게 나누어 줍니다.

3) 짝 활동 준비

학생들이 짝을 이루어 토론할 수 있도록 미리 짝을 나누어 주세요.

3. 활동 지침

가. 수업 목표

1) 자신이 어떤 감정을 느끼고 있는지 잘 알아차리고, 그 감정을 표현하는 방법을 배운다.

2) 마음의 변화를 이해하기: 학생들이 자신의 마음을 알아보고, 섭섭한 마음, 소심한 마음, 심심한 마음이 왜 생기는지 생각해 본다.

3) 친구와의 대화 연습: 친구와 마음에 관해 이야기하고, 서로의 마음을 이해하는 연습을 한다.

나. 수업 전개

<table>
<tr><td>마음 열기</td><td>내 마음속 여행</td></tr>
</table>

◆ 수업 계획: 5분

교사: 안녕하세요, 친구들! 오늘은 우리가 '나의 마음'에 대해 알아보는 시간을 가질 거예요. 우리가 느끼는 마음은 언제나 다르고, 때로는 기쁨, 슬픔, 화남, 놀라움 같은 다양한 감정들이 섞여 있답니다. 먼저, 우리 모두 함께 '내 마음이 궁금해' 〈링크 주소: https://www.you-tube.com/watch?v=pi5Y_S9s1_w〉라는 노래를 듣고, 불러볼 거예요. 노래를 부르면서 각자 자신이 어떤 마음을 느끼고 있는지 생각해 보세요. 노래가 끝난 후에는 그 감정을 이모티콘으로 표현해 볼 거예요. 우선, 노래를 잘 들어봅시다.

(학생들이 노래를 잘 들을 수 있도록 유도합니다.)

교사: 자, 이제 모두 함께 노래를 불러볼 거예요. '내 마음이 궁금해'라는 노래를 부르면서 내가 어떤 기분인지 생각해 보세요. 준비되었죠?

(교사가 노래를 시작하고 학생들도 함께 노래를 부릅니다.)

교사: 자, 이제 노래를 다 부른 후에, 우리 각자가 느낀 감정을 생각해 보고, 그 감정에 맞는 이모티콘을 하나씩 붙여 봅시다. 예를 들어, 내가 기분이 좋으면 웃는 얼굴 이모티콘을, 슬프면 우는 얼굴 이모티콘을 붙일 수 있어요. 여러분도 자신이 느낀 감정을 표현하는 이모티콘을 생각해서, 손으로 그려보거나 색칠을 해보세요!

교사: 오늘은 이렇게 우리가 느끼는 감정을 잘 살펴보고, 그 감정을 표현하는 방법을 배웠어요. 오늘 배운 것처럼 언제든지 자신의 마음을 잘 살펴보세요. 그럼, 이제 다 같이 오늘의 마음을 잘 표현했는지 확인해볼까요?"

찾아보기 　 내 마음 ㅅㅅㅎ

◆ **수업 계획**: 25분

▶ **수업 시작** (5분)

교사: 여러분, 오늘은 우리 마음에 관해 이야기해 볼 거예요. 우리가 살면서 다양한 기분을 느끼잖아요? 그런 기분이 왜 생기는지 함께 생각해 볼 거예요. 여기 나오는 세 가지 마음을 함께 생각해 볼게요: 섭섭한 마음, 소심한 마음, 심심한 마음. 이 마음들이 왜 생겼을까요? 그걸 알아보는 시간이 될 거예요.

▶ **이야기 듣기** (7분)

교사: "이제 선생님이 '내 마음 ㅅㅅㅎ' <링크 주소 https://www.youtube.com/watch?v=KeWBm_ RD_Rw-출처: 동화사랑 선생님이 읽어주는 동화책> 동화를 들려줄게요. 이 이야기를 잘 듣고, 이야기해보세요.

(학생들이 '내 마음 ㅅㅅㅎ' 동화를 잘 들을 수 있도록 유도합니다.)

▶ **마음의 종류 설명** (5분)

교사: 이제 '섭섭한 마음', '소심한 마음', '심심한 마음'에 대해 얘기해 볼 거예요. 이 세 가지 마음이 왜 생길까요? 하나씩 생각해볼까요? 섭섭한 마음은 뭔지 알아요? 예를 들어, 친구가 약속을 깼을 때, '내가 왜 이렇게 됐지?' 하고 속상한 마음이 바로 섭섭한 마음이에요.

소심한 마음은, '내가 잘할 수 있을까?'라는 마음이에요. 새로운 일을 시작할 때 너무 걱정돼서 마음이 떨릴 수 있죠. 심심한 마음은, 아무것도 하고 싶지 않거나, 놀거리가 없을 때 생기는 마음이에요. 친구가 없거나, 재미있는 일이 없을 때 느껴지죠.

▶ **짝과 대화하기** (5분)

교사: 이제 친구와 함께 이야기해 볼 거예요. 각자 섭섭한 마음, 소심한 마음, 심심한 마음 중에서 하나를 골라서, 그 마음이 왜 생겼는지 이야기해보세요.

▷ 질문

– "섭섭한 마음은 왜 생겼을까요?"

– "소심한 마음은 왜 생겼을까요?"

– "심심한 마음은 왜 생겼을까요?"

▷ 예시 대화

– "내가 친구랑 약속했는데, 친구가 갑자기 약속을 안 지켰을 때 나는 섭섭했어."

– "새로운 게임을 하려고 했는데, 내가 잘 못할까 봐 걱정돼서 소심했어."

– "혼자 놀 때 너무 심심해서 뭐 할지도 모르겠어."

▶ 발표 및 공유 (5분)

교사: 이제 짝과 나눈 이야기를 반 친구들과 함께 나눠볼 거예요. 누군가가 이야기한 섭섭한 마음, 소심한 마음, 심심한 마음에 대해서 함께 생각해 보고, 나도 그런 마음을 느꼈던 적이 있는지 이야기해 봐요.

학생들이 자신의 이야기를 발표할 수 있도록 유도.

▶ 마무리 (3분)

교사: 오늘은 우리가 마음에 관해 이야기해 봤어요. 섭섭한 마음, 소심한 마음, 심심한 마음이 왜 생기는지 알게 되었죠? 마음을 잘 이해하고 표현하는 것이 중요한 거예요. 여러분이 느꼈던 마음을 잘 말할 수 있으면, 다른 사람들도 여러분의 마음을 이해할 수 있어요. 앞으로도 내 마음을 잘 표현하고, 친구의 마음도 잘 이해할 수 있도록 해봐요. 오늘 배운 것들을 기억하고, 마음이 복잡할 때 다른 친구들에게 이야기해보세요!"

* 참고 사항

수업 중간에 학생들이 자유롭게 이야기할 수 있는 시간을 많이 주어야 합니다.

교사는 학생들의 이야기에 공감해 주고, 그들의 감정을 인정해 주는 모습을 보여 주는 것이 중요합니다.

마지막에는 학생들이 자신의 감정을 이해하고 표현하는 데 자신감을 가질 수 있도록 격려해 주세요.

다. 수업 정리

감사하기

◆ 감사 나누기(10분)

교사: 우리는 오늘 '내 마음속 여행'과 '내 마음 ㅅㅅㅎ' 활동을 했습니다. 이제는 지난 시간에 했던 것처럼 이런 활동을 통해 감사함을 찾는 "나는 무엇을 해서 고마워?" 활동 시간입니다. 여러분, '나는 무엇을 해서 고마워'라고 생각해 봐요. 이제 각자 '나는 무엇을 해서 고마워'라는 문장을 생각해 보면서, 그 이유를 적어보세요. 작성한 후 지난 시간처럼 한 명씩 얘기해봅시다.

(학생들이 감사한 마음을 적어볼 시간을 주고, 한 명씩 얘기할 수 있도록 수업을 진행해 주세요.)

교사: 이렇게 우리가 서로 감사하는 마음을 찾고 표현하는 건 정말 중요한 일이에요. 우리 모두 서로 고마운 마음을 잘 나누어 보아요. 오늘 수업 열심히 잘한 우리 모두에게 큰 박수를 보냅니다.

(학생들이 스스로 손뼉을 칠 수 있도록 유도하면서 수업을 마친다)

교사: (마지막 인사)

"그럼, 모두 내일 또 만나요. 안녕~!"

4. 촉진 전략

가. 지지적이고 포용적인 학습 환경

포용적인 환경을 만들기 위해: 학생들이 자유롭게 감정을 표현할 수 있도록 격려하고, 부정적인 반응을 피하도록 합니다.

1) 적극적인 참여 유도

학생들이 질문을 통해 서로의 생각을 존중하도록 하고, 어떤 감정이든 표현할 수 있는 안전한 환경을 제공합니다.

나. 그룹 토론 관리

1) 모든 학생이 의견을 표현할 수 있도록 각 학생이 발언할 기회를 갖도록 유도하며, 적극적으로 참여하도록 격려합니다.

다. 민감한 주제 다루기

1) 감정 표현에 민감한 학생을 배려하여 학생들이 표현하기 어려운 감정에 대해 개방적인 태도를 보이고, 모든 감정은 중요한 것임을 강조합니다.

5. 추가 자료

〈내 마음이 궁금해〉라는 감정과 마음을 탐구하는 노래로, 자신과 다른 사람의 마음을 이해하려는 주제를 다루고 있습니다. 이와 유사한 주제를 가진 초등학교 1, 2학년 동요와 동화를 아래와 같이 추천해 드릴 수 있습니다.

가. 동요: 〈사랑해요〉

감정과 사랑을 표현하는 동요로, 마음을 나누고 이해하는 내용이 담겨 있습니다. 자신과 다른 사람들의 감정을 이해하는 데 도움을 줄 수 있습니다.

〈고맙습니다〉

감사를 표현하는 동요로, 사람들 간의 마음을 이해하고 서로에게 고마움을 느끼는 주제를 다룹니다. 타인의 마음을 배려하는 것에 관한 내용이 중심입니다.

〈마음이 자라요〉

자신의 마음과 감정이 자라나고 변화하는 과정을 이야기하는 동요입니다. 어린이가 자신이 느끼는 감정을 이해하고 받아들이는 데 도움을 줄 수 있습니다.

나. 동화:<세상에서 가장 좋은 마음> (이정명 저)

사람들의 마음을 이해하고, 마음의 중요성을 다루는 이야기입니다. 주인공이 마음의 의미와 가치를 깨닫는 과정을 그린 동화입니다.

<나는 너를 사랑해> (김용택 저)

감정을 나누고 서로를 이해하는 중요한 메시지를 담고 있는 동화입니다. 사랑과 우정, 마음의 연결에 관한 이야기입니다.

<내 마음은 어디에 있을까?> (신형건 저)

마음과 감정을 주제로 한 동화로, 마음이 어디에 있는지, 어떤 감정을 느끼고 있는지를 탐구하는 이야기입니다. 자신과 다른 사람들의 마음을 이해하는 데 도움이 됩니다.

이 동요와 동화들은 모두 감정, 마음의 변화, 그리고 그 마음을 어떻게 이해하고 표현할 수 있는지에 관한 주제를 다루고 있어, <내 마음이 궁금해>와 유사한 느낌을 줄 수 있습니다.

다. 활동

1) 상상 속 친구 만들기

– 목표

상상력을 자극하고 창의성을 발휘할 수 있는 활동입니다.

– 활동 방법

학생들에게 자신만의 상상 속 친구를 만들도록 유도합니다. 이 친구는 어떤 모습인지, 무엇을 좋아하는지, 어떤 일을 하는지 등을 상상하고 그 친구와 함께 여행을 떠나는 이야기를 써 보도록 합니다. 이를 통해 자신의 감정과 생각을 표현할 수 있습니다.

2) 나만의 꿈 지도 그리기

– 목표

자신이 이루고 싶은 꿈이나 목표를 시각적으로 표현하는 활동입니다.

– 활동 방법

큰 종이나 종이 접지에 자신이 가고 싶은 곳, 하고 싶은 일, 만날 사람 등을 그려서 '꿈 지도'
를 만듭니다. 이 지도는 학생들이 상상하는 미래의 모습을 시각적으로 표현하는 과정에서 창
의력과 꿈을 키울 수 있도록 돕습니다.

3) 감정 그림일기 그리기

– 목표

자신의 감정을 그림으로 표현하며 감정 인식을 돕는 활동입니다.

– 활동 방법

매일 혹은 주기적으로 자신이 느낀 감정을 그림과 함께 기록하는 활동입니다. 예를 들어, 기쁨,
슬픔, 화남 등을 상징하는 색깔이나 그림을 그려보며 감정에 대해 스스로 이야기하고 표현할 수
있게 도와줍니다. 감정 표현을 통해 자신의 마음을 돌아보는 기회를 가질 수 있습니다.

6. 교사 노트

가. 수업 개인화

다양한 학생들의 요구에 맞게 수업을 개인화하려면 각 학생의 이해도를 반영하여 다양한 활
동을 제시하세요.
감정 표현을 격려하는 환경을 만들어, 모든 학생이 감정을 자유롭게 표현하도록 격려합니다.

나. 문화적 가치 통합

학생들의 문화적 배경을 고려하여 감정에 관해 이야기할 때, 각자의 경험과 감정을 반영한 예
시를 들어 수업을 더욱 풍부하게 만들어 주세요.

다. 교사의 독특한 스타일 반영

교사의 교육 스타일에 맞게 수업을 개인화하고, 학생들과의 소통 방식을 조정하여 보다 효과
적으로 감정을 다룰 수 있습니다.

1-2-❷ '나'의 마음 진찰하기

1. 목적과 목표

가. 교육 목표

1) 자기 인식 개발

학생들이 자신의 감정과 마음을 진찰하며 자기 인식을 증진하게 시킵니다.

2) 공감 촉진

다른 사람의 감정과 상황을 이해하고 공감하는 능력을 기릅니다.

3) 긍정적인 자기표현 촉진

학생들이 자신의 감정을 긍정적이고 효과적으로 표현하는 방법을 배웁니다.

나. 교육 목적(발달적 연관성)

가 수업은 1학년 및 2학년 학생들의 정서적, 사회적 발달적 요구를 충족시키며, 어린 나이에 자기감정을 인식하고 표현하는 기초를 다질 수 있도록 돕습니다. 특히, 사회적 상호작용과 공감 능력을 발전시킬 수 있는 기회를 제공합니다.

2. 수업 구성

가. 학습 성과

학생들이 자신이나 친구의 마음을 진찰하고, 감정과 마음을 표현하는 법을 배우며, 긍정적인 감정 표현과 공감을 경험합니다.

각 학생은 마음의 상태를 진단하고, 이를 처방전으로 나타내어, 타인에게 고마움을 표현하는 방법을 학습합니다.

나. 제안 시간

1) 활동 1: 병원에 가서 무엇을 했는지 이야기하기 (5분)

2) 활동 2: 마음 진찰하기 놀이 (15분)

3) 활동 3: 마음 진찰 후 처방전 작성 및 약 봉투 만들기, 예쁜 말 전하기 (15분)

4) 활동 4: 감사 표현 (5분)

다. 준비물

의사 가운, 청진기, 약 봉투, 비타민 또는 젤리(약으로 사용), 연필, 종이 (처방전 작성용)

라. 수업 준비 팁

교실에 활동을 위한 소품(청진기, 의사 가운, 비타민, 약 봉투 등)을 준비합니다. 활동 후 학생들이 자연스럽게 감정을 표현하고, 다른 친구들의 마음을 이해하도록 격려하는 방식으로 수업을 진행합니다.

3. 활동 지침

가. 수업 목표

1) 병원이 무엇을 하는 곳인지 이해하기

2) 학생들은 자신의 감정을 스스로 진단하고, 그에 맞는 해결책을 제시할 수 있다.

3) 자신의 감정을 표현하고, 친구들에게 예쁜 말을 전하는 방법을 배운다.

나. 수업 전개

마음 열기   병원은 무엇을 하는 곳일까요?

▶ 수업 시간: 5분

교사: 안녕하세요, 친구들! 오늘은 병원에 관해 이야기해 볼 거예요. 병원에 가본 적 있나요? 병원은 우리가 아플 때 가서 의사 선생님께 치료받는 곳이에요. 그럼, 병원이 구체적으로 어떤 곳인지 조금 더 알아볼까요? 우리 교재 24쪽에 나와 있는 질문에 답을 해볼까요? 친구들, 병원에 가본 적 있죠? 소년은 왜 병원에 갔을까요?"

(학생들의 대답을 잘 유도합니다.)

학생들: 아파서 병원에 갔어요.

교사: 네, 대답 잘했어요. 소년은 아팠기 때문에, 병원에 갔을 거예요. 혹시 우리가 아플 때 병원에 가면 무엇을 해야 할까요? 병원에 가서 의사 선생님께 아픈 곳을 말해야겠지요? 24쪽 두 번째 그림을 봅시다. 의사 선생님은 무엇을 하는 것 같아요?"

(학생들의 대답을 잘 유도합니다.)

학생들: 대답한다.

교사: 네, 대답을 아주 잘했어요. 의사 선생님이 소년을 진찰하고 있어요. 이렇듯 의사 선생님은 우리가 아프면 아픈 곳을 잘 진찰하고, 아프지 않도록 도와주는 중요한 역할을 해요. 그럼, 24쪽 세 번째 그림을 봅시다. 소년은 병원에서 처방전을 받았다고 해요. 그럼, 처방전을 들고 어디를 갔을까요?"

(학생들의 대답을 잘 유도합니다.)

학생들: 약국이요.

교사: 네, 맞아요. 소년은 병원에서 처방전을 받고, 약국에 가서 약을 받았을 거예요.

▶ 마무리 정리

교사: 지금까지 우리는 병원이 무엇을 하는 곳인지 배웠어요. 병원에 가면 아픈 곳을 고치고,

의사 선생님이 우리가 빨리 나을 수 있도록 도와주세요. 그리고 처방전을 들고 약국에 가서 약을 받을 수도 있죠.

떠올리기 '나'의 마음 진찰하기

◆ **수업 계획**: 30분

▶ **도입 (3분) : 교사의 인사 및 수업 소개**

교사: 여러분, 병원이 무엇을 하는 곳이라고 했나요?

학생들: 대답한다.

교사: 네, 잘 기억하고 있네요. 잘했어요. 지금은 우리가 의사 선생님이 되어, 자기 마음을 진찰하는 놀이를 해보려고 해요! 준비물도 모두 준비됐어요. 의사 가운을 입고, 마음을 진단하고, 그에 맞는 처방을 내보는 놀이랍니다. 이 놀이를 통해 우리가 느끼는 마음을 잘 표현하고, 다른 사람과 나누는 방법을 배울 거예요.

▶ **본 활동 (20분)**

교사: 이제 여러분은 모두 의사 선생님이 되어볼 거예요. 우리 의사 가운을 입을까요? 청진기도 선생님처럼 이렇게 목에 걸어봅시다.

(교사가 학생들에게 의사 가운을 입고, 청진기를 목에 거는 시범을 보여줍니다. 학생들이 의사 가운을 다 입고, 청진기를 제대로 목에 건 것을 확인하고 다음 활동을 진행합니다)

교사: 청진기를 귀에 대보세요. 나의 마음 소리가 들릴 거예요. 모두 조용히 자기 마음의 소리를 잘 들어봅시다. 마음 소리를 잘 듣고 나서, 어떤 마음인지 생각해봅시다.

(학생들이 조용히 자기 마음의 소리에 집중할 수 있게 유도합니다. 학생들이 마음의 소리를 충분히 들을 수

있도록 시간을 넉넉하게 주기 바랍니다.)

교사: 여러분, 마음 소리는 어떤가요? 행복한 마음? 아니면 조금 속상한 마음인가요? 마음 소리를 듣고 나서, 나의 마음을 진단해봅시다. 마음이 따뜻한가요? 아니면 슬픈가요? 혹은 다른 감정이 들 수도 있어요. 여러분이 들은 마음의 소리로 처방전을 작성해봅시다.

(교사가 먼저 처방전을 작성해서 학생들에게 보여 주기를 바랍니다.)

교사: 선생님은 이렇게 처방전을 두 개를 작성했어요. (긍정적인 마음의 소리와 부정적인 마음의 소리 두 개 작성을 권합니다. 학생들에게 긍정적인 마음의 소리도 중요하지만, 부정적인 자기 마음의 소리도 나쁜 것이 아니라는 것을 인식시키기 위해 꼭 두 개 작성을 권합니다.)

두 개의 마음의 소리를 들었거든요. 한 개는 행복의 소리, 다른 한 개는 걱정의 소리를 들었어요. 그래서 한 개의 처방전 '내 마음의 소리'에 '행복의 소리'라고 적고, '무엇 때문에 내 마음이 그런 소리를 내었을까요?'에 '여러분과 함께 이렇게 수업을 해서 선생님의 마음이 행복하여서 그렇게 썼어요' 또 한 개의 처방전 '내 마음의 소리'에 '걱정의 소리'라고 적고, '요즘 선생님 집 애완견이 아파서 걱정의 마음이 들었기 때문'에 이유를 그렇게 썼어요.

(학생들이 선생님에게 잘 집중할 수 있게 유도합니다.)

교사: 여러분도 선생님처럼 처방전을 잘 작성할 수 있겠지요?

학생들: 네.

교사: 그럼, 우리 처방전을 잘 써 봅시다.

(교사는 다니면서 학생들이 처방전을 잘 작성하는지 관찰하고, 힘들어하는 학생들을 도와줍니다. 학생들이 처방전을 다 작성한 것을 확인합니다.)

교사: 처방전을 다 썼나요?

교사: 이제 처방전을 바탕으로 약을 준비해봅시다. 약은 비타민이나 젤리로 만들 거예요. 여러분의 마음을 좋게 해줄 약을 약 봉투에 넣어봅시다.

학생들: (준비한 젤리나 사탕, 비타민 등을 약 봉투에 잘 넣습니다.)

교사: 기분이 좋아지는 약을 약 봉투에 잘 넣었나요? 그럼, 이 약을 누구에게 줄 것인지 생각해봅시다. 자신에게 주어도 되고, 친구에게 주어도 됩니다. 누구에게 전달할 것인지 결정했으면 약 봉투에 전달할 사람 이름을 적읍시다.

(교사는 학생들이 약 봉투에 전달할 사람 이름을 다 적었는지 확인합니다.)

▷ 활동 3: 약 전달하기 (7분)

약을 전달하면서 예쁜 말 전하기

교사: 이제 약 봉투를 자신이나 친구에게 전달해보세요. 그런데 그냥 주지 말고, 예쁜 말을 함께 전해보세요. 예를 들면, '이 약은 너의 마음을 행복하게 해줄 거야!' 또는 '오늘 기분 좋아질 거야!' 이렇게 말하면서 약을 주면 더 기분이 좋아지겠죠?

학생들: 네.

교사: 꼭 예쁜 말을 하고, 약 봉투를 전달합시다.

학생들: (준비한 약 봉투를 자신이나 친구에게 전달합니다.)

(교사는 학생들이 자신이나 친구에게 약 봉투를 전달하고, 예쁜 말을 하는지 잘 관찰합니다. 그리고 그렇게 하지 않은 학생이 있으면 교사가 잘할 수 있도록 지도합니다.)

(학생들의 활동이 다 마무리된 것을 확인한 후에 정리합니다.)

교사: (수업의 의미 강조하면서 활동을 마무리합니다) 오늘 우리는 의사 선생님이 되어 자신의 마음을 진찰해 보고, 그 마음에 맞는 처방을 내렸어요. 그리고 그 처방을 약으로 만들어 친구에게 전달했어요. 우리의 마음도 때로는 아플 수 있어요. 하지만 이렇게 서로 마음을 진찰하고, 예쁜 말을 나누면, 조금 더 행복하고 따뜻해질 수 있어요. 오늘 배운 대로, 언제든지 친구에게 좋은 말을 해줄 수 있겠죠?

학생: 네.

교사: 오늘 활동을 아주 잘했어요.

다. 수업 정리

감사하기

◆ 감사 나누기(5분)

교사: 우리는 오늘 '병원은 무엇을 하는 곳일까요?'와 '나의 마음 진찰하기' 활동을 했습니다. 이제는 지난 시간에 했던 것처럼 이런 활동을 통해 감사함을 찾는 "나는 무엇을 해서 고마워?" 활동 시간입니다. 여러분, '나는 무엇을 해서 고마워'라고 생각해 봐요. 이제 각자 '나는 무엇을 해서 고마워'라는 문장을 생각해 보면서, 그 이유를 적어보세요.

(학생들이 감사한 마음을 갖고, 잘 적을 수 있게 유도합니다.)

교사: 이렇게 우리가 서로 감사하는 마음을 찾고 표현하는 건 정말 중요한 일이에요. 우리 모두 서로 고마운 마음을 잘 나누어 보아요. 오늘 수업 열심히 잘한 우리 모두에게 큰 박수를 보냅니다.

(학생들이 스스로 손뼉을 칠 수 있도록 유도하면서 수업을 마친다)

교사: (마지막 인사)

"그럼, 모두 내일 또 만나요. 안녕~!"

4. 촉진 전략

가. 지지적이고 포용적인 학습 환경 조성

모든 학생이 안전하고 존중받는 환경에서 자신의 감정을 자유롭게 표현할 수 있도록 격려합니다.

학생들이 자신의 감정에 대해 솔직하게 이야기할 수 있도록, 비판 없이 서로를 존중하는 분위기를 유지합니다.

나. 그룹 토론 및 협업 촉진

활동 중에 학생들이 서로 이야기하며 의견을 나누도록 장려하고, 각자 진단한 마음 상태를 공유하게 합니다.

짝을 지어 서로의 처방전을 작성하고, 마음을 전달하는 활동을 통해 협력적 학습을 증진하게 시킵니다.

다. 민감한 주제 신중히 다루기

감정에 대한 민감한 질문을 할 때는 학생들이 불편함 없이 느낄 수 있도록 조심스럽게 접근하며, 각자의 감정을 존중합니다.

"마음이 아프다"라는 표현이 불편할 수 있으므로, 이를 좀 더 부드럽고 긍정적인 표현으로 유도합니다.

5. 추가 자료

'나의 마음 진찰하기' 활동은 자신의 감정을 이해하고 표현하는 데 도움을 주는 활동으로, 초등학교 1, 2학년 어린이들에게 적합한 동요, 동화, 활동이 있습니다. 아래에 관련된 동요, 동화, 그리고 활동을 제안합니다.

가. 동요: <무지개> (이은주 작사)

가 동요는 감정의 변화를 색깔로 비유하여, 아이들이 감정을 더 쉽게 인식하고 표현할 수 있도록 돕습니다. 각 색깔에 맞는 감정들을 연상하며 노래를 부르면서 감정의 다양성을 자연스럽게 배울 수 있습니다.

〈마음의 창〉 (이상은 작사)

이 동요는 마음의 창을 통해 감정을 표현하는 노래입니다. 자신의 감정을 마음의 창으로 열어보자는 메시지를 담고 있어, 감정을 이해하고 표현하는 데 유용한 동요입니다.

나. 동화: <감정이 뭐예요?> (로빈 하단 그림책)

이 책은 감정에 대한 기본적인 개념을 아이들에게 알려주는 책으로, 다양한 감정을 알기 쉽게 설명합니다. 감정을 이해하고 표현하는 데 도움이 됩니다.

<내가 정말 좋아하는 것들> (지안 프린스 글)

아이가 자신의 감정을 이해하고 그것에 대해 이야기할 수 있도록 도와주는 동화입니다. 주인공이 감정을 탐구하면서 자신을 스스로 이해하는 과정이 그려져 있어, 어린이들에게 큰 도움이 됩니다.

다. 활동

1) 감정 색칠하기

– 목표

감정에 대한 인식을 돕고, 감정에 맞는 색을 선택해 보게 함으로써 자신이 느끼는 감정을 시각적으로 표현합니다.

– 활동

다양한 감정을 표현한 그림을 준비하고(예: 기쁨, 슬픔, 화남, 불안 등), 각 감정에 맞는 색을 선택하여 색칠합니다. 색칠 후, 학생들에게 각 감정에 대해 간단히 이야기해 보도록 합니다.

– 예시

기쁨을 노란색, 슬픔을 파란색, 화를 빨간색으로 색칠하게 할 수 있습니다.

2) 감정 카드 만들기

– 목표

다양한 감정을 이해하고 표현하는 방법을 배우기 위해 자신만의 감정 카드를 만듭니다.

– 활동

학생들에게 빈 카드와 색연필을 주고, 각자 자신이 자주 느끼는 감정(행복, 화남, 걱정 등)을 그림이나 글로 표현한 카드를 만들게 합니다. 그 후 각자 만든 카드를 소개하며, 언제 그런 감정을 느꼈는지 이야기해봅니다.

3) 감정 얼굴 그리기

- 목표

감정의 얼굴 표정을 그려보며, 자신의 감정을 시각적으로 표현하는 활동입니다.

- 활동

종이에 여러 가지 감정(기쁨, 슬픔, 분노 등)을 나타내는 얼굴을 그리는 활동을 합니다. 학생들에게 각 감정을 어떻게 표현할 수 있을지 설명한 후, 그 감정을 나타내는 표정을 직접 그려보게 합니다.

- 예시

"오늘 기분이 좋았을 때 얼굴이 어떻게 생겼을까?" 같은 질문을 던지며 진행합니다.

4) 오늘의 기분 이야기하기

- 목표

학생들이 자신의 감정을 말로 표현하며, 이를 통해 서로의 감정을 이해할 수 있게 돕습니다.

- 활동

매일 하나의 감정을 정하고, 그 감정에 대해 간단히 이야기해봅니다. 예를 들어, "오늘 기분이 어땠어요?" "왜 그렇게 느꼈나요?"라는 질문을 통해 학생들이 자신이 느낀 감정을 말로 표현하게 유도합니다.

- 예시

"오늘 기분이 좋았어요. 왜냐하면 친구와 함께 놀아서요." 또는 "오늘 슬펐어요. 왜냐하면 숙제를 많이 해서요."

5) 감정 표현 놀이

- 목표

다양한 감정을 몸과 표정으로 표현해 보며 감정 인식을 돕는 활동입니다.

- 활동

선생님이 감정 카드를 제시하면, 학생들이 그 감정을 몸으로 표현해봅니다. 예를 들어 "기쁨"

카드를 보여 주면 학생들은 웃거나 뛰어보는 등의 활동을 합니다. 다른 감정도 마찬가지로 표정이나 몸짓으로 표현하게 합니다.

- 예시
"슬픈 얼굴을 만들어 보세요!" 또는 "화가 난 몸짓을 해보세요!"

6) 감정 일기 쓰기

매일 감정을 기록할 수 있는 감정 일기를 쓰게 하는 활동입니다. 하루 동안 느낀 감정을 적어 보며 감정 인식 능력을 기를 수 있습니다. 예를 들어, "오늘 나는 행복했어요", "오늘 나는 슬펐어요" 등 감정을 표현하는 문장을 써 보는 것입니다.

7) 역할극

여러 가지 감정을 주제로 역할극을 하는 활동입니다. 아이들이 각자 다양한 감정을 연기하면서 그 감정을 이해하고 다른 사람의 감정을 공감하는 능력을 키울 수 있습니다. 예를 들어, "슬픈 친구를 위로하는 역할"이나 "기쁜 소식을 전하는 역할" 등을 해볼 수 있습니다. 이 활동들은 어린이들이 감정을 인식하고 그것을 적절하게 표현하는 데 도움이 될 것입니다.

6. 교사 노트

가. 다양한 교실에 맞게 교과서 내용 조정하기

학생들이 자신의 마음을 표현하는 데 편안함을 느낄 수 있도록 수업을 조정합니다. 일부 학생들은 감정 표현에 어려움을 겪을 수 있으므로, 교사가 부드럽게 유도하고 지지하는 방식으로 접근해야 합니다.

나. 지역사회와 관련된 문화적 가치 통합

학생들이 자신의 감정을 표현하는 문화적 차이를 이해하고, 그것에 맞게 다양한 감정 표현 방식을 수업에 반영합니다.

다. 교사의 교육 스타일 반영

학생들의 반응과 참여를 보고, 활동을 유연하게 조정합니다. 학생들이 더 많은 자율성을 발휘할 수 있도록 선택지를 제공하며, 학습을 자기 주도적으로 진행하도록 돕습니다.

라. 추가 활동 (선택 사항)

마음 일기 작성

학생들이 수업 후 집에서 "오늘의 마음"에 대해 일기 형식으로 간단히 적어보도록 합니다.

1-2-❸ 내 마음속 먹구름 찢어 버리기

1. 목적과 목표

가. 교육 목표

1) 자기 인식 개발

학생들이 자신의 감정을 인식하고 표현하는 방법을 배우며, 자신과 타인의 감정을 이해하는 능력을 기른다.

2) 공감 촉진

감정을 인식하고 표현하는 과정에서 타인의 감정에 공감하는 태도를 배양한다.

3) 긍정적인 자기표현 촉진

자신의 기분을 긍정적인 방식으로 표현하고, 부정적인 감정을 건강하게 다루는 방법을 배우도록 한다.

나. 수업 목적(발달적 연관성)

1) 정서적 발달

1학년, 2학년 학생들은 자신의 감정을 구별하고, 그 감정을 적절히 표현하는 법을 배우는 시기입니다. 이 수업은 이러한 정서적 발달을 지원하며, 학생들이 자신의 감정을 이해하고 조절하는 데 도움을 줍니다.

2) 사회적 발달

친구 및 가족과의 관계에서 감정을 공감하고 소통하는 방법을 배우며, 사회적 상호작용에서의 협력과 존중을 증진합니다.

2. 수업 구성

가. 학습 성과

1) 학생들은 자신의 기쁨과 화를 식별하고, 이를 표현하는 방법을 학습한다.

2) 학생들은 자신이 경험한 감정을 글씨나 미술 활동을 통해 나타내며, 그 감정을 건강하게 다루는 방법을 배운다.

3) 학생들은 감정을 표현하고 다루는 활동을 통해 자신과 타인의 감정을 공감하는 법을 배우고, 긍정적인 자기표현을 촉진한다.

나. 제안 시간

수업은 40분 동안 진행되며, 각 단계별로 10분 정도를 할당한다.

1) '마음 열기' 단계: 10분

2) '떠올리기' 단계: 20분

3) '감사하기' 단계: 10분

다. 준비물

1) A4 이면지 (여러 장)

2) 색연필

3) 낱말 카드 (기쁨, 화남 등)

4) 교재 비디오 링크: 내 마음속 기쁨이와 화남이 동화책

라. 수업 준비 팁

수업을 시작하기 전에 학생들에게 감정에 대한 간단한 설명을 제공하고, 감정에 대한 이해를 돕기 위한 질문을 준비합니다. 학생들이 비디오 시청 후 활동을 쉽게 따라올 수 있도록 비디오에 대해 간단히 설명하고, 수업의 목적을 분명히 합니다.

3. 활동 지침

가. 수업 목표

1) 학생들이 기쁨과 화남이라는 감정을 이해하고, 이를 다루는 방법을 배운다.

2) 감정을 표현하는 방법을 배우고, 자기감정을 조절하는 방법을 익힌다.

3) 학생들이 감정을 표현하는 단어를 이해하고 자신이 느끼는 감정을 표현할 수 있도록 돕습니다.

4) 감정을 긍정적으로 변화시키는 방법을 배우고, 그 과정에서 즐거운 놀이를 통해 스트레스를 해소합니다.

나. 수업 전개

| 마음 열기 | 내 마음속 '기쁨이'와 '화남이' |

◆ **수업 계획**: 10분

▶ **도입** (1분)

교사: 여러분, 오늘은 우리 마음속에 있는 기쁨과 화남이란 감정에 관해 이야기할 거예요. 우리는 모두 기쁘거나 화가 날 때가 있죠? 여러분도 그런 적 있나요? 오늘 이 시간에 우리가 어떻게 기쁘고 화가 나는지, 그리고 그 감정들을 어떻게 다룰 수 있는지 알아보도록 할게요.

▶ **이야기 나누기와 질문 및 대답하기** (8분)

교사: 먼저, 〈내 마음속 기쁨이와 화남이〉 (링크 주소 https://www.youtube.com/watch?v=7XmoSp-7bgg - 출처: 한국감정연구소)라는 책을 함께 읽어볼 거예요. 책 속에서 서윤이의 이야기를 들어보세요.

(학생들이 책 내용을 잘 읽을(들을) 수 있도록 교사가 잘 유도합니다.)

교사: 여러분, 책을 잘 읽(들)었나요?

학생들: 네.

교사: 그럼, 우리 교재 29쪽에 있는 질문에 답을 짝꿍과 얘기하면서 적어봅시다.

(학생들이 질문에 답을 잘하고 있는지 교사가 관찰합니다.)

교사: (학생들이 답을 다 한 것을 확인합니다) 여러분이 작성한 답을 발표해봅시다.

우선, "서윤이는 언제 기쁜가요?" 누가 발표해볼까요?

(손 든 학생 중 한 명을 지목합니다.)

학생: 친구와 놀 때, 또는 좋아하는 일을 할 때 기뻐요.

교사: (학생 답변을 듣고) 맞아요! 서윤이는 친구와 놀 때, 좋아하는 일을 할 때 기뻐해요. 그럼, "엄마가 알려주신 '기쁨이'를 크게 하는 방법은 무엇일까요?" ○○가 발표해볼까요?

학생: 엄마나 친구에게 고운 말을 듣고, 서윤이가 고운 말을 할 때 기쁨이가 커져요.

교사: (학생 답변을 듣고) 맞아요! 엄마나 친구에게 고운 말을 듣고, 서윤이가 고운 말을 할 때 기쁨이가 커진다고 했어요.

교사: 그럼, 서윤이는 왜 화가 났을까요?

학생들: 친구가 미운 말을 하고, 그 말을 들은 서윤이도 미운 말을 해서요.

교사: 모두 잘 대답했어요. 맞아요. 친구가 서윤이가 잘 가지고 놀고 있는 장난감을 뺏고, 미운 말을 해서 서윤이도 똑같이 '너랑 안 놀아'라고 미운 말을 했더니 친구들 마음에 화남이가 커졌어요.

교사: 마지막으로 엄마가 알려주신 '화남이'를 작게 하는 방법은 무엇일까요?

학생들: 화가 났을 때 눈을 감고 코로 깊게 숨을 들이마시고 입으로 내쉬어보는 것이요. 그리고 마음속으로 가장 좋아하는 것을 생각해 보는 것이요.

교사: (학생 답변을 듣고) 아주 잘 대답했어요. 화가 났을 때 눈을 감고 코로 깊게 숨을 들이마시고 입으로 내쉬면서 마음속으로 가장 좋아하는 것을 생각하는 것이었어요. 네 가지 질문을 통해 우리는 고운 말은 기쁨이를 커지게 하고, 미운 말은 화남이를 커지게 한다는 것을 알았어요.

▶ 마무리-감정 다루기 연습 (1분)

교사: 이제 우리가 배운 대로, 기쁨이와 화남이를 다루는 방법을 연습해 볼 거예요. 여러분이 기쁜 일이 생겼을 때 어떻게 기쁨이를 크게 할 수 있을지, 그리고 화가 나면 어떻게 화남이를 작게 할 수 있을지 생각해 보세요.

(학생들에게 간단한 상황을 제시하고, 그들이 기쁨이와 화남이를 어떻게 다룰지 이야기하도록 유도합니다)

교사: 지금까지 기쁨이와 화남이의 감정을 배워봤어요. 기쁨이를 크게 하려면 좋은 생각과 웃음이 필요하고, 화남이를 작게 하려면 깊게 숨을 쉬고 차분히 생각하는 게 중요하죠. 여러분이 기쁘고 화가 날 때 어떻게 해야 할지 잘 기억하고, 실천해 보세요!

떠올리기　　내 마음속 먹구름 찢어 버리기

◆ **수업 계획:** 20분

▶ **수업 도입** (5분)

교사: 여러분, 여러분의 마음속에는 어떤 기분이 드는 때가 있나요? 예를 들어, 화가 나거나 슬픈 기분이 들 때가 있죠. 그럴 때 마음속에 먹구름처럼 불편한 기분이 생기기도 해요. 오늘은 그 먹구름을 없애는 방법을 배우려고 해요! 먼저, 우리가 어떤 감정을 느끼는지 알아볼 거예요. 교재 30쪽에 감정을 나타내는 낱말 카드가 있어요. '화남', '슬픔', '분노', '귀찮음', '싫음', '거짓말' 같은 단어들이 있어요. 여러분이 어떤 감정을 가장 많이 느꼈는지 생각해 보세요. 여러분이 오늘 느꼈던 감정을 떠올려 보고, 그 감정을 나타내는 낱말 카드를 하나 선택해 주세요. 예를 들어, 오늘 화가 났다면 '화남'을 선택하고, 오늘 기분이 안 좋았다면 '슬픔'을 선택할 수 있어요.

(학생들이 해당하는 낱말 카드를 잘 선택할 수 있도록 교사가 지도합니다. 학생들이 선택을 다 한 것을 확인한 후 발표를 진행합니다)

교사: 다 선택했으니 어떤 낱말 카드를 선택했는지 이야기해봅시다.

(학생들 한 명씩 대답합니다.)

▶ **"내 마음속 먹구름 찢어 버리기" 놀이 준비** (10분)

교사: 그렇지만, 이런 부정적인 감정이 오랫동안 우리 마음에 있으면 안 좋습니다. 이런 부정적인 감정이 너무 오랫동안 우리 마음에 머무르면 우리 마음이 아플 수 있습니다. 그래서 지금부터는 이런 부정적인 마음을 없애는 방법을 알아볼 것이에요.

(교사가 준비한 A4 이면지 종이를 한 장씩 학생들에게 나누어 줍니다.)

교사: 우리가 선택한 감정을 종이에 크게 써 볼 거예요. 종이를 가득 채울 수 있도록 큰 글씨로 적어보세요. '화남', '슬픔', '귀찮음' 이런 감정을 큰 글씨로 쓸 거예요. 각자 한 장씩 준비해

서 그 단어를 크게 적어주세요.

(학생들이 글씨를 쓸 때 도와주거나 글씨 크기를 조정합니다.)

교사: 이제 우리가 쓴 단어를 마구 찢을 거예요. 왜냐하면, 그 감정을 이제 없애기 위해서예요! 이 감정은 우리에게 도움이 되지 않아요. 마음속에서 그 감정을 털어내고, 먹구름을 찢어서 하늘로 날려 보내는 거예요! 이제 찢은 종이를 하늘로 높이 던져볼 거예요. 마치 먹구름이 하늘로 사라지는 것처럼, 이 부정적인 감정도 하늘로 날려 보내는 거예요!

(학생들이 감정 단어를 적은 종이를 마구 찢고, 허공에 날릴 수 있도록 교사가 유도합니다.)

(학생들이 마음껏 종이를 찢고 허공에 날릴 수 있도록 충분한 시간을 줍니다.)

교사: 여러분 아주 잘했어요. 마음속에 있던 부정적인 감정이 먹구름이 하늘에서 사라지는 것처럼 허공에 잘 날려 보냈나요? 바닥에 종이가 많이 떨어졌지요?

학생들: 네.

교사: 이제 바닥에 떨어진 종이를 깨끗하게 줍고, 다시 깔끔하게 정리해 주세요. 이때, 우리가 감정을 정리하는 것처럼 마음도 깨끗하게 정리하는 거예요.

(학생들이 바닥에 떨어진 종이를 하나씩 주워서 깨끗하게 정리할 수 있도록 교사가 지도합니다.)

교사: 오늘 우리가 한 활동을 되돌아보세요. 감정을 표현하고, 그 감정을 찢어 버리는 놀이가 어땠나요? 이제 우리는 어떤 감정을 느끼더라도 그것을 잘 다룰 수 있어요. 부정적인 감정을 느낄 때, 이 놀이처럼 마음속 먹구름을 찢어 버리고 긍정적인 기분을 찾아보세요.

다. 수업 정리

감사하기

교사: 우리는 오늘 '내 마음속 기쁨이와 화남이'와 '내 마음속 먹구름 찢어 버리기' 활동을 했습니다. 이제는 지난 시간에 했던 것처럼 이런 활동을 통해 감사함을 찾는 "나는 무엇을 해서 고마워?" 활동 시간입니다. 여러분, 오늘 활동을 잘 생각하면서 '나는 무엇을 해서 고마워' 라고 말을 할 수 있는지 찾아봅시다. 이제 각자 '나는 무엇을 해서 고마워'라는 문장을 생각해 보면서, 그 이유를 적어보세요.

교사: 이렇게 우리가 서로 감사하는 마음을 찾고 표현하는 건 정말 중요한 일이에요. 우리 모두 서로 고마운 마음을 잘 나누어 보아요. 오늘 수업 열심히 잘한 우리 모두에게 큰 박수를 보냅니다.

(학생들이 스스로 손뼉을 칠 수 있도록 유도하면서 수업을 마친다)

교사: (마지막 인사)

"그럼, 모두 내일 또 만나요. 안녕~!"

4. 촉진 전략

가. 지지적이고 포용적인 학습 환경 조성

학생들이 자유롭게 자신의 감정을 표현할 수 있도록 격려하고, 서로의 감정을 존중하는 분위기를 만듭니다. 다양한 감정 표현을 인정하고, 각자 느끼는 감정을 자연스럽게 다룰 수 있도록 지원합니다.

나. 그룹 토론 및 활동 관리

학생들을 짝지어 서로의 감정을 듣고, 어떻게 감정을 조절했는지에 대해 대화하게 합니다. 개방형 질문을 통해 학생들이 서로의 감정을 이해하고, 공감할 수 있도록 유도합니다.

다. 민감한 주제 다루기

감정에 관한 이야기에서 민감한 부분은 신중하게 다루고, 학생들이 편안하게 이야기할 수 있도록 주의합니다. '화남이'와 같은 부정적인 감정을 이야기할 때는 서로 상처받지 않도록 배려합니다.

5. 추가 자료

〈내 마음속 기쁨이와 화남이〉 동화는 감정의 변화를 다룬 이야기로, 감정을 이해하고 표현하는 중요성을 가르치는 작품입니다. 이를 바탕으로 초등학교 1~2학년 학생들에게 적합한 동요, 동화, 그리고 활동을 소개합니다.

가. 동요:〈감정 송〉

가 동요는 다양한 감정(기쁨, 슬픔, 화남 등)을 노래로 표현하며, 아이들이 각 감정을 인식하고 이해하는 데 도움이 됩니다. 가사에서는 기쁨, 화남, 슬픔 등을 쉽게 표현하여 감정을 더 잘 이해할 수 있게 합니다.

〈기쁨이와 슬픔이〉

가 동요는 기쁨과 슬픔의 감정을 비교하면서 감정이 변할 수 있다는 것을 알려주는 노래입니다. 아이들이 자신의 감정을 좀 더 명확히 구별하고 표현할 수 있게 도와줍니다.

나. 동화:〈감정의 숲〉 (저자: 김수민)

가 동화는 감정들을 의인화하여 숲속에서 살아가는 여러 감정을 통해, 아이들이 각자의 감정을 어떻게 이해하고 조절할 수 있을지 배울 수 있는 이야기입니다.

〈마음이 화났을 때〉

이 동화는 주인공이 화가 나서 여러 가지 방법으로 감정을 다스려 나가는 이야기입니다. 아이들이 화를 어떻게 풀 수 있을지, 화가 날 때 어떤 방법이 좋을지 배울 수 있습니다.

〈내 마음의 색깔〉

이 동화는 주인공이 자신의 감정을 색깔로 표현하면서, 기쁨, 슬픔, 화남 등 다양한 감정을 구체적으로 이해하는 내용을 다룹니다.

다. 활동

1) 감정 이야기 만들기

"오늘 나는 기쁨이었어" 또는 "오늘 나는 화남이었어"와 같은 주제로 간단한 이야기를 만들어 보는 활동입니다. 이를 통해 감정을 표현하는 방법과 감정의 변화에 대해 더 잘 알게 됩니다. 가 동요와 동화, 활동들을 통해 아이들이 감정을 인식하고 표현하는 데 도움이 될 것입니다.

2) 마음의 날씨 그리기

– 활동 개요

아이들에게 종이를 주고, 자신의 마음을 날씨에 비유하여 그리게 합니다. 예를 들어, 마음이 구름이 많고 흐리면 먹구름을 그릴 수 있고, 맑고 밝으면 해를 그리거나 무지개를 그릴 수 있습니다.

– 목표

아이들이 마음을 외부의 날씨에 비유하여 자신의 감정을 좀 더 쉽게 표현하고 이해하도록 돕습니다.

3) 마음의 친구 만들기

– 활동 개요

아이들에게 자신의 마음을 편안하게 해줄 수 있는 "마음의 친구"를 상상해서 그려보게 합니다. 그 친구는 아이가 필요할 때마다 함께 있어 줄 수 있는 존재로, 어떤 모습일지 상상하고 그림으로 표현합니다.

– 목표

마음을 편안하게 해주는 존재를 상상하게 하여, 아이들이 어려운 감정을 처리하는 방법을 배울 수 있도록 돕습니다.

4) 마음의 바람개비 만들기

- 활동 개요

종이로 바람개비를 만들고, 바람개비에 아이들이 느끼는 감정이나 스트레스를 없애는 방법을 적어봅니다. 예를 들어, "웃기", "책 읽기", "산책" 등을 적고, 바람개비를 돌리면서 마음의 먹구름을 날려보는 활동입니다.

- 목표

아이들이 스트레스를 푸는 방법을 찾고, 즐겁게 감정을 표현하는 활동입니다.

5) 감정의 빛 그리기

- 활동 개요

아이들에게 "행복한 마음", "슬픈 마음", "화난 마음" 등을 각각 다른 색상의 빛으로 표현하게 합니다. 그린 빛을 친구들과 공유하면서 감정을 나누고 이야기할 수 있습니다.

- 목표

감정을 빛과 색깔로 표현하여, 감정에 대한 이해와 표현을 도와주는 활동입니다.

6. 교사 노트

가. 교과서 내용 조정

학생들의 반응을 보고 감정에 대한 설명을 추가하거나 줄여 유연하게 수업을 조정합니다. 감정 표현이 어려운 학생에게는 그림을 그리거나 글로 표현하는 방법을 유도합니다.

나. 문화적 가치 통합

학생들의 지역사회와 문화적 배경을 고려하여 감정 표현에 대한 이해를 깊이 있게 다룹니다. 학생들이 다양한 감정을 공유할 수 있도록 지역적인 맥락을 반영하여 대화를 유도합니다.

다. 수업 개인화

교사의 교육 스타일에 맞게, 감정 표현 활동을 학생 개별 수준에 맞게 수정합니다. 학생들이 자신만의 감정을 다룰 수 있도록 개별화된 피드백을 제공합니다.

하나뿐인 '나'

세상에는 많은 사람이 있지만, 나와 똑같은 사람은 한 사람도 없어요.
나는 이 세상에 존재하는 단 하나뿐인 '나'이고, 다른 누구와도
바꿀 수가 없답니다.

이 단원에서는 이 세상에 단 하나밖에 없는 나에 대해 좀 더 깊이 생각해 보고, 친구들과 대화해 보는 시간을 갖도록 해요.

2-1 '나'는 누구일까?

2-1-❶ '나'와 관련된 단어 찾아보기

1. 목표와 목적

가. 교육 목표

1) 자기 인식 개발

학생들이 자신에 대해 보다 깊이 이해하고 표현할 수 있도록 지원합니다.

2) 공감 촉진

친구의 얼굴을 보며 그들에게 알맞은 단어를 찾고, 서로에 대한 이해를 높입니다.

3) 긍정적인 자기표현 촉진: 자신의 특징이나 느낌을 표현함으로써 자신감을 키웁니다.

나. 교육 목적(발달적 연관성)

1) 정서적 발달: 이번 단원에서는 학생들의 자기표현 능력을 개발하고, 감정에 대한 인식을 심화하는 활동이 포함되어 있습니다.

2) 사회적 발달: 학생들이 자신을 이해하고, 타인과의 상호작용을 통해 사회성을 기를 수 있도록 돕습니다.

2. 수업 구성

가. 학습 성과

'나'와 관련된 단어 찾기, '이게 정말 나일까?' 읽기, '나 사용법' 만들기, '내가 하고 싶은 일' 고르기 활동으로 구성됩니다.

나. 제안 시간: 각 활동의 시간을 설정합니다

1) '마음 열기' 단계: 15분

2) '찾아내기' 단계: 15분

3) '감사하기' 단계: 10분

다. 준비물

1) 미술용품: 종이, 색연필, 마카, 스티커 등

2) 추가 자료: 예시 그림이나 사진 자료 등

3) 동요 가사와 음원이 담긴 자료

라. 수업 준비 팁

1) 동요 가사와 음원을 사전에 준비해 두어 원활한 수업 진행이 가능하게 합니다.

2) 환경 조성: 학생들이 편안하게 느낄 수 있는 환경을 마련하는 것이 중요합니다. 미술 활동
을 위한 충분한 공간을 확보하세요.

3) 사전 활동: 수업 전에 학생들에게 감정 표현을 다룬 짧은 이야기를 읽어주는 것이 도움이
될 수 있습니다. 이 과정은 학생들이 자신의 감정을 이해하고 표현하는 데 도움을 줍니다.

3. 활동 지침

가. 수업 목표 제시

1) 노래를 통해 자신의 특징을 인식하고, 자신과 관련된 긍정적인 단어를 찾아 표현할 수 있
습니다.

2) 친구들과 자신이 찾은 단어를 공유하고 서로 칭찬하며 긍정적인 소통 방법을 익힙니다.

3) 자신과 친구의 특징을 나타내는 단어를 찾아보며 서로의 개성을 이해하고 존중하는 태도
를 기릅니다.

4) 노래 부르기와 단어 찾기 활동을 통해 자신의 가치를 인식하고 자아 존중감을 높입니다.

나. 수업 전개

마음 열기 | 함께 노래를 불러요

◆ **수업 계획:** 15분

교사: 안녕하세요, 여러분! 오늘은 자신의 모습과 관련된 단어를 생각하면서 자신을 좀 더 잘 알아가는 시간을 가져볼 거예요. 먼저 '사과 같은 내 얼굴' 노래를 함께 불러볼 건데, 준비되셨나요?

학생들: 네.

교사: 노래를 부르기 전에 먼저 노래를 잘 들어보세요.

〈사과 같은 내 얼굴〉 동요

링크 주소: https://www.youtube.com/watch?v=bCkJYj-09DI를 들려줍니다.

(교사는 밝은 표정으로 노래 가사를 설명하며 학생들이 편안하게 노래를 따라 부를 수 있도록 격려합니다.)

교사: 함께 불러봐요. 사과 같은 내 얼굴~

(교실 분위기를 조성하기 위해 교사가 먼저 노래의 첫 소절을 부르며 시작합니다. 학생들과 함께 "사과 같은 내 얼굴" 노래를 부릅니다.)

교사: 이 노래를 부르니 떠오르는 단어는 무엇인가요?

학생들: 빨간 사과가 떠오릅니다.

교사: 사과는 어떤 느낌을 주나요?

학생들: 반짝반짝 빛나는 느낌을 줍니다.

교사: 우리 얼굴을 과일로 표현한다면 어떤 과일이 떠오르나요?

학생들: 복숭아가 떠오릅니다.

(교사는 학생들이 답변할 때, "정말 멋진 생각이네요!"라며 긍정적으로 반응하고 추가적인 답변을 끌어냅니다.)

교사: 여러분, 이번에는 자기 얼굴이나 자신과 관련된 단어를 떠올려 보고 종이에 적어볼 거예요. 예를 들어, 저는 제 얼굴을 떠올리면 '동그라미, 햇빛, 활짝 웃는 얼굴' 같은 단어가 떠오릅니다. 여러분은 어떤 단어가 떠오르나요?

학생들: 아름다운 미소가 떠오릅니다.

(학생들은 각자 자신과 관련된 단어를 자유롭게 적습니다.

학생들이 단어를 적는 동안 교사는 돌아다니며 도움을 주고, 격려의 말을 건넵니다.)

교사: 이제 적은 단어를 친구들과 짝을 지어 서로 보여 주고, 서로의 단어를 칭찬해 줍시다.

(학생들은 친구들과 짝을 지어 서로의 단어를 보고 서로 칭찬해 줍니다.)

교사: 오늘 우리가 나와 관련된 단어를 찾고, 친구들과 나누는 시간을 가졌어요. 자신의 이름이나 얼굴처럼 소중한 것을 떠올리는 건 정말 특별한 일이에요. 앞으로도 자신을 더 많이 칭찬하고, 긍정적인 단어로 자신을 표현해보세요!

교사: 오늘 여러분이 적은 자신과 관련된 단어를 한 번 크게 소리 내어 읽어봅시다.

교사: 다음 시간에는 여러분의 모습과 관련된 단어를 바탕으로 더 재미있는 활동을 해볼 거예요.

찾아내기   친구의 얼굴에 어울리는 단어는?

◆ **수업 계획:** 15분

교사: 안녕하세요, 여러분! 오늘은 서로의 얼굴을 바라보고, 각자에게 어울리는 멋진 단어를 찾아보는 시간을 가질 거예요. 여러분 친구의 얼굴을 보며 어떤 단어가 떠오를지 기대되지 않나요?

교사: 예를 들어, 친구의 밝은 미소를 보면서 '햇살'이라는 단어가 떠오를 수 있겠죠. 자, 여러분도 친구 얼굴을 잘 살펴보며 떠오르는 단어를 적어볼 준비 되셨나요?

(학생들이 친구에게 어울리는 단어에 대해 생각할 수 있는 시간을 줍니다)

교사: 친구의 얼굴을 간단하게 그려봅시다. 예쁘게 그릴 필요는 없어요! 친구 얼굴의 특징을 표현해보세요.

(학생들이 짝을 이루어 서로의 얼굴을 관찰하고 간단하게 그림으로 표현합니다. 짝의 얼굴을 그리면서 각자 자신의 표현 방식으로 그림을 완성합니다. 교사는 학생들이 활동에 몰입할 수 있도록 격려하고, 그림을 그리기 어려워하는 학생을 도와줍니다.)

교사: 와, 정말 멋진 그림이네요! 여러분이 친구의 얼굴을 이렇게 잘 관찰했군요!

교사: 이제 친구 얼굴을 보며 떠오르는 단어를 적어볼까요? 예를 들어, 친구의 웃는 모습이 예쁘다면 '웃음꽃', 눈빛이 반짝인다면 '별'이라는 단어가 떠오를 수 있겠지요?

교사: 친구에게 어울리는 단어를 적어줄 때 기분 나쁜 단어를 적으면 친구의 기분이 상하겠지요? 곱고 아름다운 단어를 생각해 보세요.

(교사는 학생들이 활동할 때 단어를 떠올리기 어려워하는 학생들에게 아이디어를 제시하거나 적절하지 않은 단어를 쓰는 학생들이 있으면 다른 단어로 바꾸어 쓰도록 지도합니다.)

교사: 이제 적은 단어를 서로 교환하고 읽어봅시다.

(학생들은 각자 적은 단어를 친구와 함께 나누고, 서로 칭찬해 줍니다.)

교사: 친구에게 어울리는 단어를 들었을 때 기분이 어땠나요? 친구가 쓴 단어에 대해 한 가지

칭찬을 덧붙여주세요.

교사: 오늘은 서로의 얼굴을 보고 단어를 찾으며, 친구의 특징을 표현해 보는 시간을 가졌어요. 친구 얼굴에서 떠오르는 단어를 생각하는 과정이 참 즐거웠죠? 여러분이 선택한 단어는 정말 특별한 의미가 있어요!

교사: 오늘은 서로에게 너는 정말 멋진 사람이야! 라고 말해줍시다.

(학생들은 함께 "너는 정말 멋진 사람이야!"라는 말을 크게 외칩니다.)

다. 수업 정리

감사하기

◆ **감사 나누기**(10분)

교사: 여러분, 오늘 우리는 '사과 같은 내 얼굴' 노래도 불러보고, 서로의 얼굴을 그려보며 예쁜 단어도 찾아봤어요. 이제 지난 시간처럼 이런 활동을 통해 감사함을 찾는 "나는 무엇을 해서 고마워?" 활동을 해볼 거예요. 먼저, '나는 무엇을 해서 고마워'라고 생각나는 것이 있나요? 예를 들어, "나는 친구가 내 얼굴을 그려줘서 고마워" 또는 "나는 친구가 나를 예쁜 단어로 표현해 줘서 고마워" 이런 식으로요. 이제 각자 '나는 무엇을 해서 고마워'라는 문장을 생각해 보면서, 그 이유를 종이에 적어보세요. 작성한 후에는 지난 시간처럼 한 명씩 발표해 볼 거예요.

(학생들이 감사한 마음을 적어볼 시간을 준다.)

교사: 자, 이제 한 명씩 자신이 적은 감사한 마음을 이야기해볼까요? 누가 먼저 발표해볼까요?

(학생들이 한 명씩 발표할 수 있도록 진행한다.)

교사: 여러분, 정말 멋진 감사의 마음들이에요! 이렇게 우리가 서로 감사하는 마음을 찾고 표현하는 건 정말 중요한 일이에요. 앞으로도 우리 모두 서로 고마운 마음을 잘 나누어 보아요. 오늘 수업에서 노래도 열심히 부르고, 친구의 얼굴도 그려주고, 예쁜 단어도 찾아준 우리 모두에게 큰 박수를 보냅시다!

(학생들이 스스로 손뼉을 치도록 유도하면서 수업을 마친다.)

교사: 다음 활동에서도 서로를 이해하고, 멋진 단어로 표현하는 시간을 가져볼 거예요. 그럼, 모두 다음 시간에 또 만나요. 안녕~!

4. 촉진 전략

1) 학생들의 의견을 존중하고, 서로를 칭찬하는 분위기를 조성합니다.

2) 개별적인 피드백을 제공하여 학생들의 성장을 돕습니다.

3) 민감한 주제를 다룰 때는 학생들의 감정을 고려하여 신중하게 접근합니다.

5. 추가 자료

가. 추천 노래와 활용 방법

1) 〈나는 내가 좋아요!〉 (주니토니 동요동화) 노래 활용 방법: 자신을 있는 그대로 사랑하자는 메시지를 담고 있습니다. 이 노래를 들으며 학생들이 자기 자신에 대한 긍정적인 생각을 키울 수 있도록 도와주세요. 노랫말을 분석하며 느낀 점을 이야기해 보는 것도 좋습니다.

2) 〈네잎클로버〉: 행운과 희망을 상징하는 노래로, 자신의 특별함을 인식하는 데 도움을 줍니다.

3) 〈얼굴 찌푸리지 말아요〉: 긍정적인 태도와 표정의 중요성을 가르치는 노래입니다.

나. 추천 동영상과 활용 방법

1) 애니메이션 〈인사이드 아웃(Inside Out)〉의 일부 장면 활용 방법: 감정과 자기 이해에 관한 내용을 담은 이 애니메이션의 일부 장면을 보여 주며 학생들이 다양한 감정을 어떻게 느끼고 표현하는지 생각해 볼 수 있도록 합니다. 시청 후에는 자신의 감정을 표현하는 연습을 해볼 수 있습니다.

다. 추가 활동 아이디어

1) 얼굴 그리기 활동: 학생들이 거울을 보며 자기 얼굴을 그리고, 특징을 표현하는 단어를 적어보게 합니다.

2) 과일 비유하기: 다양한 과일 사진을 준비하고, 학생들이 자기 얼굴과 비슷한 과일을 고르게 한 후 이유를 설명하도록 합니다.

3) 감정 표현하기: 다양한 표정을 지어보고, 각 표정에 어울리는 단어를 찾아보는 활동을 진행합니다.

4) 친구 얼굴 관찰하기: 짝과 함께 서로의 얼굴을 관찰하고 특징을 말해주는 활동을 합니다.

6. 교사 노트

가. 수업 조정

1) 학생들의 반응을 주의 깊게 관찰하며, 필요에 따라 활동을 조정합니다.

〈사과 같은 내 얼굴〉 노래를 부르는 활동에서 어려워하는 학생들을 위해 노래 대신 리듬에 맞춰 손뼉 치기나 몸동작으로 표현하는 방법을 제안할 수 있습니다.

2) 단어 찾기 활동에서 어려움을 겪는 학생들에게는 미리 준비한 단어 카드를 제공하여 선택할 수 있도록 합니다.

3) 그림 그리기를 어려워하는 학생들에게는 간단한 도형이나 이모티콘을 활용하여 표현할 수 있도록 안내합니다.

나. 문화적 가치 통합

1) 다양한 문화권의 학생들이 있다면, 각 문화에서 얼굴이나 표정이 갖는 의미에 관해 이야기를 나누는 시간을 가집니다.

2) 여러 나라의 인사법(예: 악수, 목례(눈인사), 볼 비비기 등)을 소개하고, 이를 통해 문화의 다양성과 존중의 중요성을 강조합니다.

3) 학생들의 문화적 배경을 반영한 과일이나 사물을 활용하여 〈사과 같은 내 얼굴〉 노래의 가사를 창의적으로 바꿔볼 수 있는 활동을 제안합니다.

다. 개인화된 수업

1) 학생들이 자신만의 특별한 단어나 표현을 찾을 수 있도록 격려합니다. 예를 들어, "나는 무지개 같아요", "내 마음은 바다처럼 넓어요" 등의 독특한 표현을 환영합니다.

2) 감사하기 활동에서 학생들이 자신만의 경험을 바탕으로 감사한 점을 찾을 수 있도록 안내합니다.

3) 학생들이 서로의 작품과 표현을 존중하고 격려하는 분위기를 조성합니다.

2-1-❷ '나' 사용법 만들기

1. 목표와 목적

가. 교육 목표

1) 자기 인식 개발

학생들이 자신의 특징과 강점을 인식하고, 이를 긍정적으로 표현하는 능력을 기른다.

2) 공감 촉진

'나 사용법'을 만들고 공유하는 과정을 통해 서로에 대한 이해와 공감을 높인다.

3) 긍정적인 자기표현 촉진

자신만의 독특한 '사용법'을 만들어 표현함으로써 자신감과 자아 존중감을 향상시킨다.

나. 교육 목적(발달적 연관성)

1) 정서적 발달

학생들이 자신의 감정과 특성을 탐색하고 표현하는 과정을 통해 정서적 자아를 발달시킨다.

2) 사회적 발달

친구들과 '나 사용법'을 공유하고 소통하는 활동을 통해 사회적 상호작용 능력을 향상시킨다.

2. 수업 구성

가. 학습 성과

1) '나 사용법' 만들기 활동을 통해 자신의 특징과 장단점을 인식하고 표현할 수 있습니다.

2) 친구들의 '사용법'을 듣고 이해하며, 서로의 개성을 존중하는 태도를 기릅니다.

나. 제안 시간: 각 활동의 시간을 설정합니다.

1) '마음 열기' 단계: 15분

2) '떠올리기' 단계: 15분

3) '감사하기' 단계: 10분

다. 준비물

1) 미술용품: 종이, 색연필, 마카, 스티커 등

2) '나 사용법' 예시 자료

3) '이게 정말 나일까?' 동화책

라. 수업 준비 팁

1) '나 사용법' 예시를 다양하게 준비하여 학생들의 이해를 도와주세요.

2) 학생들이 편안하게 자신을 표현할 수 있는 분위기를 조성해주세요.

3) 사전에 자아 인식과 관련된 간단한 활동을 통해 학생들의 관심을 유도해주세요.

3. 활동 지침

가. 수업 목표

1) '나 사용법'을 통해 자신의 특징과 장단점을 인식하고 긍정적으로 표현할 수 있습니다.

2) 친구들과 '나 사용법'을 공유하며 서로의 개성을 이해하고 존중하는 태도를 기릅니다.

3) '나 사용법' 만들기 활동을 통해 자아 존중감과 자신감을 향상시킵니다.

4) '타인의 사용법'을 이해하고 공감하는 능력을 키웁니다.

나. 수업 전개

마음 열기　　이게 정말 나일까?

◆ **수업 계획:** 15분

교사: 안녕하세요, 여러분! 오늘은 '이게 정말 나일까?'라는 책에 관한 주제로 이야기해 볼 거예요. 자신이 어떤 사람인지, 그리고 친구는 어떤 사람인지 함께 생각해 볼 수 있는 시간이겠죠?

(교사는 학생들의 관심을 끌고, 손을 흔들며 친근감을 조성합니다.)

교사: 먼저, 여러분의 마음속에서 '이게 정말 나일까?'라는 질문을 떠올려보세요. 우리 각자가 어떤 사람인지, 그리고 어떤 느낌을 가지고 있는지 생각해봐요. 우리 모두 자신에 대해 생각해 보는 시간을 가져볼까요?"

(교사는 책 표지를 보여 주면서 다양한 질문을 통해 학생들이 자신의 감정과 생각을 표현하도록 유도합니다.)

교사: 이제 '이게 정말 나일까?' 책의 표지를 보고, 여러분의 생각을 나눠볼까요? 책의 그림이나 제목을 보니까 어떤 기분이 드나요?

(학생들이 자유롭게 이야기를 나누도록 격려합니다.)

교사: 네, 좋은 생각들이에요. 이 책은 우리가 누구인지 생각하게 하는 책이랍니다.

교사: 자, 이제 '이게 정말 나일까?'라는 책을 함께 읽어볼 거예요.

교사: 이제 책을 함께 읽어볼 거예요. 잘 들어보세요.

(교사가 책을 읽어주거나 동영상을 보여줍니다.)

교사: 이 책을 읽으면서 여러분과 비슷하다고 느낀 점이 있나요?

교사: 오늘은 '이게 정말 나일까?'라는 질문을 통해 자신을 되돌아보았어요. 여러분은 각각 특별한 존재입니다. 앞으로도 서로를 존중하고, 이해하는 시간을 많이 가져봅시다, 마지막으로, 여러분이 느낀 점이나 공유하고 싶은 이야기를 한 두 마디 해볼까요?

(학생들이 자신이 느낀 점을 종합적으로 발표할 수 있도록 합니다.)

교사: "여러분 모두 특별하고 소중한 사람이에요. 오늘 배운 것처럼, 우리는 계속 성장하고 변화하는 존재랍니다. 다음 시간에는 더 재미있는 활동을 해볼 거예요!"

◆ **수업 계획:** 15분

교사: 안녕하세요, 여러분! 오늘은 '나 사용법'이라는 재미있는 주제로 수업을 할 거예요. 우리 모두 자신에 대해 더 잘 알아가는 시간을 가져볼까요?

교사: 여러분, '사용법'이라는 말을 들어본 적 있나요? 예를 들어, 장난감이나 전자기기에는 사용법이 있죠. 그렇다면 우리에게도 '사용법'이 있을까요?

학생들: (자유롭게 대답)

교사: 그래요. 우리 각자도 특별한 '사용법'이 있어요. 이것은 우리의 특징, 좋아하는 것, 싫어하는 것 등을 말해주는 거예요.

교사: 선생님의 '사용법'을 예로 들어볼게요.

- 이름: OOO 선생님
- 좋아하는 것: 따뜻한 차 마시기
- 싫어하는 것: 시끄러운 소리
- 기분이 좋을 때: 미소를 지어요.
- 힘들 때: 조용히 혼자 있고 싶어 해요.

교사: 이제 여러분의 차례예요. 각자 자신의 '사용법'을 만들어보세요. 종이에 이름, 좋아하는 것, 싫어하는 것, 기분이 좋을 때와 나쁠 때의 모습을 적어보세요.

(학생들이 활동하는 동안 교사는 순회하며 도움을 제공합니다.)

교사: 이제 옆 친구와 서로의 '사용법'을 나눠볼까요? 친구의 '사용법'을 듣고 새롭게 알게 된 점을 이야기해보세요.

(교사는 학생들 사이를 순회하면서 학생들이 짝과 서로의 '사용법'을 공유할 수 있도록 지도합니다.)

교사: 여러분, 오늘 우리는 각자의 '사용법'을 만들어 보았어요. 이를 통해 자신과 친구들에 대해 더 잘 알게 되었나요? 우리 모두 특별하고 소중한 존재라는 걸 기억하세요.

다. 수업 정리

감사하기

◆ 감사 나누기(10분)

교사: 여러분, 오늘 우리는 '나 사용법'을 만들어 보았어요. 이제 지난 시간처럼 이런 활동을 통해 감사함을 찾는 "나는 무엇을 해서 고마워?" 활동을 해볼 거예요. 여러분, '나는 무엇을 해서 고마워'라고 생각나는 것이 있나요? 예를 들어, "나는 친구에게 나의 사용법을 알려줘서 고마워" 또는 "나는 친구의 사용법을 이해하게 되어서 고마워" 이런 식으로요. 이제 각자 '나는 무엇을 해서 고마워'라는 문장을 생각해 보면서, 그 이유를 종이에 적어보세요. 작성한 후에는 지난 시간처럼 한 명씩 발표해볼 거예요.

(학생들이 감사한 마음을 적어볼 시간을 준다.)

교사: 자, 이제 한 명씩 자신이 적은 감사한 마음을 이야기해볼까요? 누가 먼저 발표해볼까요?

(학생들이 한 명씩 발표할 수 있도록 진행한다.)

교사: 여러분, 정말 멋진 감사의 마음들이에요! 이렇게 우리가 서로 감사하는 마음을 찾고 표현하는 건 정말 중요한 일이에요. 앞으로도 우리 모두 서로 고마운 마음을 잘 나누어 보아요. 오늘 수업에서 '나 사용법'도 만들고, 친구들과 이야기도 나눈 우리 모두에게 큰 박수를 보냅시다!

(학생들이 스스로 박수를 치도록 유도하면서 수업을 마친다.)

교사: 다음 활동에서도 서로를 이해하고, 멋진 '사용법'으로 표현하는 시간을 가져볼 거예요. 그럼 모두 다음 시간에 또 만나요. 안녕~!

4. 촉진 전략

가. 학생들이 자신의 생각과 감정을 자유롭게 표현할 수 있도록 지지적인 분위기를 조성합니다.

나. 타인의 의견을 존중하고, 서로 배려하는 태도를 강조합니다.

다. 민감한 주제를 다룰 때는 신중하게 접근하고, 학생들의 감정을 존중합니다.

5. 추가 자료

7. 추천 동요나 동화

1) 동요

〈네 잎 클로버〉

노래를 듣고 자신의 장점 4가지를 찾아 네잎클로버 모양으로 그리고 발표하기

〈나는 나예요〉

노래를 부른 후 자신만의 특별한 점을 찾아 '나 사용설명서' 만들기

〈얼굴 찌푸리지 말아요〉

노래를 함께 들은 후 다양한 감정 표정을 그리고, 각 감정을 다스리는 나만의 방법 적어보기

〈다섯 글자 예쁜 말〉

노래를 듣고 난 후 자신을 표현하는 다섯 글자 단어 만들고 그 이유 설명하기

▶ 이 동요들과 활동들은 학생들이 자신을 이해하고 표현하는 데 도움을 줄 수 있습니다. 각 활동은 자기 인식과 자기 표현 능력을 향상시키는 데 초점을 맞추고 있습니다.

2) 동화

〈너는 특별하단다〉

(맥스 루케이도 저) 자신의 고유한 가치를 깨닫고 자존감을 높이는 내용의 동화입니다.

〈홍학과 무지개〉

(박영주 저) 어떤 상황에서도 자존감을 지키며 행복해지는 방법을 알려주는 동화입니다.

〈이사도라 문 시리즈〉

(해리엇 먼캐스터 저) 친구 관계와 자아 발견에 대한 이야기를 다루는 시리즈로, 저학년 아이들에게 인기가 많습니다.

▶ 이 책들은 아이들이 자신을 이해하고 긍정적으로 바라보는 데 도움을 줄 수 있습니다.

나. 활동

1) '나 사용법' 포스터 제작

가) 활동 내용: 각자의 사용법을 시각적으로 표현한 포스터를 만들고 전시합니다.

나) 목표: 자신을 창의적으로 표현하고 친구들과 공유하며 자신감을 키웁니다.

2) '친구 사용법' 상상하기

가) 활동 내용: 친구의 사용법을 상상해서 작성해 보고 실제와 비교합니다.

나) 목표: 서로의 차이를 이해하고 존중하는 태도를 함양합니다.

3) '자기소개 미니북' 제작

가) 활동 내용: 자신을 소개하는 미니 북을 만들어 자신만의 사용법, 좋아하는 것, 싫어하는 것을 기록합니다.

나) 목표: 자신을 체계적으로 이해하고 정리하는 능력을 기릅니다.

6. 교사 노트

가. 수업 조정

학생의 수준과 반응을 고려해 활동을 조정합니다. 예를 들어, 질문의 난이도를 조정하거나, 추가적인 시각 자료(그림, 사진)를 제공하여 창의력을 자극합니다.

나. 문화적 가치 통합

각 학생들의 문화적 배경을 고려하여, '나 사용법' 만들기 활동이 학생들에게 의미가 있도록 합니다. 예를 들어, 특정 문화에서 '나 사용법'으로 특별한 의미를 갖는 표현이 있다면 이를 수업에 통합할 수 있습니다. 각 지역의 특징적인 음식, 자연환경 등을 주제로 삼아 '나의 사용법'에 적용하도록 지도할 수 있습니다.

다. 개인화된 수업

학생들이 자신만의 개성을 발견하고 표현할 수 있도록 활동을 설계합니다. 학생마다 서로 다른 답변을 인정하고, 이를 공유하는 과정에서 자기 이해를 높입니다.

2-1-❸ '내가 하고 싶은 일' 고르기

1. 목표와 목적

가. 교육 목표

1) 자기 인식 개발

학생들이 자신의 흥미와 재능을 탐색하고 이해할 수 있도록 돕습니다.

2) 공감 촉진

친구들의 꿈과 하고 싶은 일을 듣고 이해하며 서로 응원하는 태도를 기릅니다.

3) 긍정적인 자기 표현 촉진

자신이 하고 싶은 일을 자신감 있게 표현하고 설명할 수 있도록 합니다.

나. 교육 목적(발달적 연관성)

1) 정서적 발달

학생들이 자신의 꿈과 목표를 탐색하며 긍정적인 자아상을 형성할 수 있도록 돕습니다.

2) 사회적 발달

다양한 직업과 활동에 대해 알아보고, 타인의 꿈을 존중하는 태도를 기릅니다.

2. 수업 구성

가. 학습 성과

'내가 하고 싶은 일' 찾기, 꿈 그리기, 친구들과 꿈 나누기, 미래의 나 상상하기 활동으로 구성됩니다.

나. 제안 시간: 각 활동의 시간을 설정합니다

1) '마음 열기' 단계: 15분

2) '고르기' 단계: 15분

3) '감사하기' 단계: 10분

다. 준비물

1) 미술용품: 종이, 색연필, 마카, 스티커 등

2) 추가 자료: 다양한 직업 사진이나 그림 자료

3) 동요 가사와 음원이 담긴 자료 (예: 〈꿈꾸지 않으면〉 노래)

라. 수업 준비 팁

1) 다양한 직업과 활동에 대한 정보를 사전에 준비합니다.

2) 학생들이 자유롭게 상상하고 표현할 수 있는 편안한 분위기를 조성합니다.

3) 꿈과 목표에 대한 긍정적인 메시지를 담은 짧은 동화나 이야기를 준비합니다.

3. 활동 지침

가. 수업 목표 제시

1) 자신이 좋아하는 활동과 관심 있는 직업을 탐색하고 표현할 수 있습니다.

2) 친구들의 꿈과 하고 싶은 일을 경청하고 존중하는 태도를 기릅니다.

3) 다양한 직업과 활동의 가치를 이해하고 긍정적인 태도를 갖습니다.

4) 자신의 꿈과 목표를 설정하고 이를 위해 노력하는 자세를 기릅니다.

나. 수업 전개

마음 열기 　 내가 하고 싶은 것들 생각해 보기

◆ **수업 계획:** 15분

교사: 안녕하세요, 여러분! 오늘은 우리가 각자 하고 싶은 일을 상상하고 이야기해보는 시간을 가질 거예요. 여러분이 무엇을 좋아하고, 어떤 일을 하고 싶어 하는지 이야기할 수 있는 재미있는 시간이 될 거예요.

교사: 지금 가장 하고 싶은 일이 무엇인지 생각해볼까요? 선생님은 지금 맛있는 커피를 마시고 싶어요. 여러분은요?

학생들: 게임을 하고 싶어요. 노래를 하고 싶어요.

교사: 그림 속 아이는 무엇을 하고 있는 것 같나요?

학생들: (학생들의 다양한 대답)

교사: 그 표정을 보면 어떤 기분일 것 같나요? 만약 여러분이 이 아이라면 어떤 일을 하고 싶을까요?

(학생들이 자유롭게 의견을 말할 수 있도록 격려하며, "정말 좋은 생각이에요!", "그렇게 느낄 수도 있겠네요." 와 같은 긍정적인 피드백을 줍니다.)

교사: 이번에는 여러분이 하고 싶은 일을 그림으로 그리거나 한 문장으로 적어볼 거예요. 꼭 잘 그릴 필요는 없어요! 여러분의 마음이 담긴다면 충분해요.

(각자 활동에 몰두하며 자신만의 창의적인 방식으로 표현합니다. 교사는 학생들 사이를 돌며 격려하고, 필요하면 도움을 줍니다.)

교사: 아, 너는 그림으로 표현했구나! 정말 멋진 생각이네! 와, 글로 표현한 이 문장이 정말 인상적이에요!

교사: 여러분이 하고 싶은 일들을 보니 정말 멋지고 다양하네요! 이제 한 명씩 자신이 하고 싶은 일을 친구들에게 짧게 소개해볼까요?

(발표 후에는 친구들의 이야기를 듣고 칭찬과 응원의 말을 나눕니다.)

교사: 와, 너는 친구와 함께 놀이공원에 가고 싶구나. 정말 재미있겠다! 정말 멋진 꿈이네요. 꼭 이루길 바랄게요!

교사: 오늘 우리는 각자가 하고 싶은 일에 대해 이야기해 봤어요. 여러분의 하고 싶은 일은 모두 특별하고 소중해요. 앞으로도 하고 싶은 일에 대해 자주 생각하고, 이를 위해 노력해보세요!

고르기 내가 하고 싶은 일은?

◆ **수업 계획:** 15분

교사: 안녕하세요, 여러분! 오늘은 우리가 '내가 하고 싶은 일'에 대해 생각해 볼 거예요. 각자 어떤 일을 하고 싶을지 이야기해 보는 시간을 가질 거니까 기대해 주세요!

교사: 여러분이 해보고 싶은 일은 무엇인가요?

(학생들의 다양한 대답을 듣습니다.)

교사: 먼저, 우리가 몇 가지 그림을 보면서 한 활동을 해볼게요. 이 그림에서는 아이가 무엇을 하고 있나요?

학생들: (학생들의 다양한 대답)

교사: 아이의 표정은 어떤가요? 왜 그렇게 생각했나요?

(학생들이 자유롭게 의견을 말할 수 있도록 격려하며, 긍정적인 피드백을 줍니다.)

교사: 이제 내가 할 수 있는 일과 할 수 없는 일을 각각 그림으로 표현해 볼 거예요. 종이와 색연필을 꺼내 주세요!

(학생들이 그림을 그리는 동안 교사는 교실을 돌아다니며 도움을 줍니다.)

교사: 어떤 일을 그렸나요? 왜 그 일을 하고 싶다고 생각하나요?

(몇몇 학생들의 발표를 들어봅니다.)

교사: 이제 친구에게 자신의 꿈에 대해 이야기한 후, 그 친구의 꿈이 어떤 점에서 멋진지 칭찬해 주세요.

(학생들이 짝꿍과 함께 활동하는 시간을 갖습니다.)

교사: 오늘 우리는 다양한 꿈에 대해 이야기했어요. 우리 각자의 꿈은 소중해요! 이제 친구에게 고마운 점을 짧게 적어보거나 말해보세요. 예를 들어, "너의 꿈을 듣고 나도 힘을 얻었어!"와 같은 메시지를 서로 나눠보세요.

(학생들이 감사 메시지를 나누는 시간을 갖습니다.)

교사: 오늘은 우리가 하고 싶은 일에 대해 생각해 보고, 그것을 어떻게 표현할 수 있을지 이야기했어요. 여러분은 정말 소중한 꿈이 있어요! 마지막으로 친구들이 발표한 내용을 듣고 서로 칭찬하는 시간을 가져볼까요? "와, 너의 꿈은 정말 멋지다!"라고 말해주세요.

(학생들이 서로 칭찬하는 시간을 갖습니다.)

다. 수업 정리

감사하기

◆ **감사 나누기** (10분)

교사: 여러분, 오늘 우리는 '내가 하고 싶은 일'에 대해 이야기해봤어요. 이제 지난 시간처럼 이런 활동을 통해 감사함을 찾는 "나는 무엇을 해서 고마워?" 활동을 해볼 거예요. 여러분, '나는 무엇을 해서 고마워'라고 생각나는 것이 있나요? 예를 들어, "나는 친구가 내 꿈을 응원해줘서 고마워" 또는 "나는 선생님이 내 꿈에 대해 들어주셔서 고마워" 이런 식으로요. 이제 각자 '나는 무엇을 해서 고마워'라는 문장을 생각해 보면서, 그 이유를 종이에 적어보세요. 작성한 후에는 한 명씩 발표해볼 거예요.

(학생들이 감사한 마음을 적어볼 시간을 준다.)

교사: 자, 이제 한 명씩 자신이 적은 감사한 마음을 이야기해볼까요? 누가 먼저 발표해볼까요?

(학생들이 한 명씩 발표할 수 있도록 진행한다.)

교사: 여러분, 정말 멋진 감사의 마음들이에요! 이렇게 우리가 서로 감사하는 마음을 찾고 표현하는 건 정말 중요한 일이에요. 앞으로도 우리 모두 서로 고마운 마음을 잘 나누어 보아요. 오늘 수업에서 자신의 꿈에 대해 이야기하고, 친구들의 꿈도 들어주고, 서로 응원해준 우리 모두에게 큰 박수를 보냅시다!

(학생들이 스스로 박수를 치도록 유도하면서 수업을 마친다.)

교사: 다음 활동에서도 서로를 이해하고, 멋진 꿈을 향해 나아가는 시간을 가져볼 거예요. 그럼 모두 다음 시간에 또 만나요. 안녕~!

4. 촉진 전략

가. 지지적이고 포용적인 학습 환경 조성

1) 모든 학생들이 자유롭게 자신의 꿈과 하고 싶은 일을 표현할 수 있는 분위기를 만들어 주세요. 서로 다른 꿈을 존중하도록 유도합니다.

2) 활동 중에는 학생들이 서로의 꿈을 칭찬하고 격려할 수 있도록 합니다.

나. 그룹 토론 및 활동 관리

1) 작은 그룹으로 나누어 친구들과 협력하여 활동하도록 유도하고, 서로의 꿈을 공유하며 다양한 의견을 나눠볼 수 있게 합니다.

2) 각 그룹에서 나온 다양한 꿈과 하고 싶은 일을 나누고, 그 과정에서 서로 배울 수 있는 점들을 공유합니다.

다. 민감한 주제 다루기

1) 활동을 통해 학생들이 자신의 꿈을 표현하거나 다룰 수 있지만, 어떤 학생은 꿈을 정하지 못했을 수 있습니다. 이를 배려하여, 강요하지 않고 자유롭게 선택하도록 합니다.

2) 학생들이 안전하고 편안하게 활동할 수 있도록 분위기를 조성합니다.

5. 추가 자료

가. 추천 동요나 동화

1) 동요

〈꿈을 꾸는 어린이〉

꿈을 가진 아이의 모습을 그린 노래로, 꿈을 향해 노력하는 것의 중요성을 배울 수 있습니다.

〈나는 할 수 있어요〉

자신감과 도전 정신을 북돋우는 노래로, 꿈을 이루기 위한 긍정적인 마인드를 기를 수 있습니다.

〈아낌없이 꿈을 꾸는 별〉

꿈을 갖고 노력하는 내용의 노래로, 꿈의 중요성을 강조합니다.

2) 동화

〈나는 커서 뭐가 될까?〉

초등학생을 위한 교과별 직업 사용설명서로 다양한 직업 탐색의 즐거움을 느낄 수 있습니다.

수줍음 많고 자신감이 없는 주인공이 방울토마토를 기르게 되면서 자신감을 되찾고, 정원사라는 직업을 꿈꾸게 되고, 그 꿈을 이루기 위해 차근차근 열심히 노력하는 모습으로 변화합니다. 자신의 재능과 꿈을 찾아가는 과정을 그린 동화로, 자아 발견의 중요성을 배울 수 있습니다.

〈나는! 내 안에 마법을 일깨우는 말〉

긍정의 말을 통해 좌절하고 실망하는 상황 속에서도 내가 이미 완전하고, 내 안에는 좋은 것이 많다는 것을 깨닫게 해줍니다.

나. 활동

1) 꿈 그림 그리기: 자신의 꿈을 그림으로 표현하고 친구들과 공유하는 활동입니다.
2) 직업 역할놀이: 다양한 직업을 체험해보는 역할놀이를 통해 여러 직업에 대해 이해할 수 있습니다.
3) 꿈나무 만들기: 큰 나무 그림에 각자의 꿈을 적은 잎사귀를 붙여 꿈나무를 완성하는 협동 활동입니다.

6. 교사 노트

가. 수업 조정

수업을 진행하면서 각 학생들의 반응을 살펴보고, 꿈을 정하지 못한 학생에게는 다양한 선택지를 제시하거나 현재 좋아하는 활동에 대해 이야기하도록 유도합니다.

나. 문화적 가치 통합

각 학생들의 문화적 배경을 고려하여, 다양한 직업과 꿈이 존중받을 수 있도록 합니다. 예를 들어, 특정 문화권에서 중요하게 여기는 직업이 있다면 이를 수업에 통합할 수 있습니다.

다. 개인화된 수업

학생들이 자신만의 독특한 꿈을 표현할 수 있도록 격려하며, 창의력을 발휘할 수 있는 환경을 만들어 주세요. 이 수업을 통해 학생들이 다양한 꿈과 직업에 대해 탐색하면서 자신의 흥미와 재능을 발견하고, 서로의 꿈을 존중하는 태도를 기를 수 있도록 합니다.

나만의 색깔 찾기

2-2-❶ 내 마음속의 풍경

1. 목표와 목적

가. 교육 목표

1) 자기 감정 인식

학생들이 자신의 내면 풍경을 탐색하고 감정을 인식할 수 있도록 돕습니다.

2) 창의적 표현

자신의 감정과 내면 세계를 그림이나 글로 표현하는 능력을 키웁니다.

3) 공감 능력 향상

친구들의 내면 풍경을 이해하고 공감하는 태도를 기릅니다.

나. 교육 목적(발달적 연관성)

1) 정서적 발달

학생들의 감정 인식 능력과 자기 표현 능력을 개발합니다.

2) 사회적 발달

타인의 감정을 이해하고 존중하는 태도를 기르며 사회성을 향상시킵니다.

2. 수업 구성

가. 학습 성과

'내 마음속 풍경' 상상하기, 그림으로 표현하기, 글로 설명하기, 친구들과 공유하기 활동으로
구성됩니다.

나. 제안 시간: 각 활동의 시간을 설정합니다.

1) '마음 열기' 단계: 15분

2) '찾아내기' 단계: 15분

3) '감사하기' 단계: 10분

다. 준비물

1) 미술용품: 도화지, 색연필, 크레파스, 물감 등

2) 추가 자료: 다양한 풍경 사진이나 그림 자료

3) 감정 표현 관련 동화책

라. 수업 준비 팁

1) 다양한 풍경 사진이나 그림을 준비하여 학생들의 상상력을 자극합니다.

2) 편안하고 자유로운 분위기를 조성하여 학생들이 자신의 감정을 솔직히 표현할 수 있도록 합니다.

4) 사전에 감정 표현과 관련된 동화를 읽어주어 학생들의 감정 인식을 돕습니다.

3. 활동 지침

가. 수업 목표 제시

1) 자신의 내면 풍경을 상상하고 이를 그림으로 표현할 수 있습니다.

2) 자신의 그림을 설명하는 글을 작성하여 감정을 언어로 표현할 수 있습니다.

3) 친구들의 내면 풍경을 감상하고 이해하며 서로의 감정을 존중하는 태도를 기릅니다.

4) 그림 그리기와 글쓰기 활동을 통해 자기표현 능력과 창의성을 향상시킵니다.

나. 수업 전개

마음 열기　　내 마음속 풍경은?

◆ **수업 계획:** 10분

교사: 안녕하세요, 여러분! 오늘은 여러분의 마음속 풍경을 떠올리고 이야기해 볼 거예요. 우리가 평소에 가장 아름답다고 느낀 장소를 생각하면 마음이 편안해지고 행복해지죠. 지금부터 여러분이 좋아하는 장소를 떠올려 볼까요?

교사: 선생님은 우리 학교 운동장에서 하늘을 바라볼 때 정말 아름답다고 느껴요. 여러분은 어떤 장소가 가장 아름답다고 생각하나요?

(학생들의 다양한 대답을 듣습니다.)

교사: 여러분이 우리 학교에서 가장 아름답다고 느낀 장소를 적어보세요. 그 장소를 떠올리면 어떤 느낌이 드는지 한두 마디로 표현해보면 더 좋겠죠?

(학생들이 자신의 생각을 적는 동안, 교사는 질문을 던지며 상상력을 자극합니다.)

교사: 그 장소에서 특별한 경험이 있었나요? 그때의 기분은 어땠나요?

(학생들이 자유롭게 의견을 말할 수 있도록 격려하며, 긍정적인 피드백을 줍니다.)

교사: 이제 여러분이 적은 장소와 이유를 친구와 나누어볼까요? 그 장소에서 있었던 이야기를 짧게 설명해도 좋아요.

(학생들이 짝과 함께 활동하는 시간을 갖습니다.)

교사: 우와, 너는 교실 창가를 좋아하는구나. 그 이유가 정말 멋지다!

(몇몇 학생들의 발표를 들어봅니다.)

교사: 오늘 여러분이 이야기한 장소들은 정말 특별하고 아름다웠어요. 우리가 좋아하는 장소를 떠올리면 기분이 좋아지고 마음이 편안해질 수 있답니다. 앞으로도 마음이 힘들 때 좋아하는 장소를 떠올리며 마음을 다독여보세요.

교사: 여러분의 장소를 한 번 큰 목소리로 외쳐볼까요? 시작!

(학생들이 각자 가장 좋아하는 장소를 한 번씩 외칩니다.)

찾아내기   '내 마음속의 장소' 그려 보기

◆**수업 계획**: 15분

교사: 안녕하세요, 여러분! 오늘은 여러분이 가장 좋아하는 마음속의 장소를 떠올리고, 그곳을 그림으로 표현해보는 시간을 가져볼 거예요. 우리가 어떤 장소를 좋아하는지 표현하는 건 우리 마음을 이해하는 좋은 방법이에요!

교사: 선생님은 학교 운동장을 좋아해요. 넓은 하늘을 볼 수 있어서 기분이 좋아지거든요. 여러분은 어떤 장소를 좋아하나요?

(학생들의 다양한 대답을 듣습니다.)

교사: 자, 지금부터 여러분이 가장 좋아하는 장소를 생각해볼까요? 지금 여러분이 떠올린 장소를 그림으로 표현해보세요. 그림을 잘 그릴 필요는 없어요. 여러분의 마음이 담긴다면 충분해요!

교사: 그곳에서 누군가와 함께 시간을 보내고 있다면, 그 모습도 함께 그려보세요.

(학생들이 그림을 그리는 동안 교사는 교실을 돌아다니며 도움을 줍니다.)

교사: 와, 정말 멋진 장소네요! 이 장소에서 어떤 기분이 들었나요?

(몇몇 학생들의 발표를 들어봅니다.)

교사: 이제 여러분이 그린 그림을 짝에게 보여 주세요. 그 장소에 대해 짝에게 설명하고, 그곳에서 무엇을 하고 싶었는지 이야기해보세요. 짝의 그림을 보고 어떤 점이 멋진지 한 가지 이상 칭찬해보세요.

(학생들이 짝과 함께 활동하는 시간을 갖습니다.)

교사: 와, 이곳에서 놀면 정말 즐거울 것 같아요! 네가 이 장소를 좋아하는 이유가 멋지네요!

교사: 오늘은 여러분의 마음속 장소를 떠올리고, 친구들과 공유하며 서로의 마음을 알아보는 시간을 가졌어요. 여러분이 떠올린 장소는 정말 특별하고 아름다웠어요. 앞으로도 힘들 때나 기분 좋을 때, 이 장소를 떠올리며 마음의 안정을 찾아보세요. 자, 모두들 정말 잘했어요!

다. 수업 정리

감사하기

◆ 감사 나누기(10분)

교사: 여러분, 오늘 우리는 마음속의 특별한 장소를 그려보았어요. 이제 지난 시간처럼 이런 활동을 통해 감사함을 찾는 "나는 무엇을 해서 고마워?" 활동을 해볼 거예요. 여러분, '나는 무엇을 해서 고마워'라고 생각나는 것이 있나요? 예를 들어, "나는 친구가 내 그림을 칭찬해 줘서 고마워" 또는 "나는 선생님이 내 마음속 장소에 대해 들어주셔서 고마워" 이런 식으로요. 이제 각자 '나는 무엇을 해서 고마워'라는 문장을 생각해 보면서, 그 이유를 종이에 적어보세요. 작성한 후에는 한 명씩 발표해볼 거예요.

(학생들이 감사한 마음을 적어볼 시간을 준다.)

교사: 자, 이제 한 명씩 자신이 적은 감사한 마음을 이야기해볼까요? 누가 먼저 발표해볼까요?

(학생들이 한 명씩 발표할 수 있도록 진행한다.)

교사: 여러분, 정말 멋진 감사의 마음들이에요! 이렇게 우리가 서로 감사하는 마음을 찾고 표현하는 건 정말 중요한 일이에요. 앞으로도 우리 모두 서로 고마운 마음을 잘 나누어 보아요. 오늘 수업에서 마음속 장소를 그리고, 친구들과 이야기도 나누고, 서로 칭찬해 준 우리 모두에게 큰 박수를 보냅시다!

(학생들이 스스로 박수를 치도록 유도하면서 수업을 마친다.)

교사: 다음 활동에서도 서로를 이해하고, 멋진 상상력으로 표현하는 시간을 가져볼 거예요. 그럼 모두 다음 시간에 또 만나요. 안녕~!

4. 촉진 전략

가. 지지적이고 포용적인 학습 환경 조성

1) 모든 학생들이 자유롭게 표현할 수 있는 분위기를 만들어 주세요. 각자의 마음속 풍경을 그리는 데 있어 서로의 차이를 존중하도록 유도합니다.

2) 활동 중에는 학생들이 서로의 작품을 칭찬하고 격려할 수 있도록 합니다.

나. 그룹 토론 및 활동 관리

1) 작은 그룹으로 나누어 친구들과 협력하여 활동하도록 유도하고, 서로의 작업을 공유하며 다양한 의견을 나눠볼 수 있게 합니다.

2) 각 그룹에서 나온 다양한 마음속 풍경을 나누고, 그 과정에서 서로 배울 수 있는 점들을 공유합니다.

다. 민감한 주제 다루기

1) 활동을 통해 학생들이 자신의 감정을 표현하거나 다룰 수 있지만, 어떤 학생은 감정 표현에 어려움을 느낄 수 있습니다. 이를 배려하여, 강요하지 않고 자유롭게 선택하도록 합니다.

2) 학생들이 안전하고 편안하게 활동할 수 있도록 분위기를 조성합니다.

5. 추가 자료

가. 추천 동요나 동화

1) 동요

〈파란 나라〉

자신의 마음속 풍경을 상상하며 부를 수 있는 노래입니다.

〈일곱 빛깔 무지개 세상〉

다양한 색깔로 자신의 마음을 표현하는 노래입니다.

2) 동화

〈마음의 집〉

자신의 마음을 집으로 표현한 이야기로, 마음속 풍경을 이해하는 데 도움을 줍니다.

〈색깔 나라 여행〉

다양한 색깔의 나라를 여행하며 감정을 탐험하는 이야기입니다.

나. 활동

1) 마음 날씨 그리기: 자신의 현재 감정을 날씨로 표현하여 그리는 활동입니다.

2) 감정 색깔 팔레트 만들기: 다양한 감정을 색깔로 표현하여 자신만의 감정 팔레트를 만듭니다.

3) 마음속 풍경 콜라주: 잡지나 신문에서 자신의 마음과 어울리는 이미지를 오려 붙여 마음속 풍경을 표현합니다.

6. 교사 노트

가. 수업 조정

1) 수업을 진행하면서 각 학생들의 반응을 살펴보고, 어려워하는 학생에게는 좀 더 쉬운 활동을 제공할 수 있도록 유연하게 수업을 조정합니다.

2) 그림 그리기를 어려워하는 학생에게는 간단한 도형이나 색칠하기로 대체할 수 있는 기회를 제공합니다.

나. 문화적 가치 통합

1) 각 학생들의 문화적 배경을 고려하여, 마음속 풍경 표현이 학생들에게 의미가 있도록 합니다. 예를 들어, 특정 문화에서 특별한 의미를 갖는 풍경이 있다면 이를 수업에 통합할 수 있습니다.

다. 개인화된 수업

1) 학생들이 자신만의 독특한 마음속 풍경을 표현할 수 있도록 격려하며, 자신만의 창의력을 발휘할 수 있는 환경을 만들어 주세요.

2) 이 수업을 통해 학생들이 자신의 감정을 인식하고 표현하는 능력을 기르며, 타인의 감정을 이해하고 공감하는 능력을 키울 수 있도록 합니다.

2-2-❷ 나만의 캐릭터 그리기

1. 목표와 목적

가. 교육 목표

1) 자기 표현력 향상

학생들이 자신의 특징과 개성을 캐릭터로 표현할 수 있도록 지원합니다.

2) 창의성 개발

독창적인 캐릭터를 만들어내는 과정을 통해 창의적 사고를 촉진합니다.

3) 자아 정체성 강화

자신만의 캐릭터를 만들며 자아에 대한 이해를 깊게 합니다.

나. 교육 목적(발달적 연관성)

1) 예술적 발달

그림 그리기를 통해 미적 감각과 표현 능력을 향상시킵니다.

2) 인지적 발달

자신의 특징을 분석하고 이를 시각적으로 표현하는 과정에서 인지 능력을 발달시킵니다.

2. 수업 구성

가. 학습 성과

1) 자신의 특징을 파악하고 이를 캐릭터로 표현할 수 있습니다.

2) 창의적인 방식으로 자신만의 독특한 캐릭터를 만들 수 있습니다.

3) 친구들의 캐릭터를 감상하고 서로의 개성을 존중하는 태도를 기릅니다.

나. 제안 시간

1) '마음 열기' 단계: 15분

2) '찾아내기' 단계: 15분

3) '감사하기' 단계: 10분

다. 준비물

1) 미술용품: 도화지, 색연필, 크레용, 마커 등

2) 추가 자료: 다양한 캐릭터 예시 이미지

3) 자기소개 활동지

라. 수업 준비 팁

1) 다양한 캐릭터 예시를 준비하여 학생들의 상상력을 자극합니다.

2) 학생들이 자유롭게 표현할 수 있는 편안한 분위기를 조성합니다.

3) 캐릭터 그리기에 앞서 간단한 자기 소개 활동을 통해 자신의 특징을 생각해 볼 수 있게 합니다.

3. 활동 지침

가. 수업 목표

1) 자신의 특징과 개성을 파악하고 이를 캐릭터로 표현할 수 있습니다.

2) 창의적인 방식으로 자신만의 독특한 캐릭터를 디자인할 수 있습니다.

3) 친구들의 캐릭터를 감상하고 서로의 개성을 이해하며 존중하는 태도를 기릅니다.

4) 캐릭터 그리기 활동을 통해 자기 표현 능력과 창의성을 향상시킵니다.

나. 수업 전개

마음 열기 | 좋아하는 색깔 말하기

◆ **수업 계획:** 15분

교사: 안녕하세요, 여러분! 오늘은 여러분의 좋아하는 색깔에 대해 이야기해 볼 거예요. 색깔은 우리의 기분과 생각을 표현하는 중요한 요소랍니다. 여러분이 가장 좋아하는 색깔은 무엇인지 떠올려 볼까요? 손을 들어보세요!

(학생들의 다양한 대답을 듣습니다.)

교사: 제가 좋아하는 색깔은 파란색입니다. 왜냐하면, 그것은 제게 평화로운 느낌을 주기 때문이에요. 여러분의 색깔과 그 이유를 친구들과 나눠 볼까요?

(학생들이 자유롭게 의견을 말할 수 있도록 격려하며, 긍정적인 피드백을 줍니다.)

교사: 그 색깔을 왜 그렇게 좋아하나요?

(몇몇 학생들의 발표를 들어봅니다.)

교사: 이제 '무슨 색깔일까요?'라는 노래를 부르면서 색깔에 대해 알아볼 거예요!

(학생들과 함께 노래를 부릅니다.)

교사: 이제 '알록달록 내 마음' 동화책을 읽어보겠습니다. 이 책을 통해 여러분의 마음속 색깔이 무엇인지 생각해볼까요?

(동화를 읽고 나서 학생들에게 각자의 생각을 질문합니다.)

교사: 오늘 우리는 좋아하는 색깔에 대해 이야기하고, 자신의 캐릭터를 그려봤어요. 여러분의 마음속 색깔이 무엇인지 알게 되어 기뻐요. 다음 시간에는 우리가 그린 캐릭터를 함께 공유하면서 더욱 재미있는 시간을 가질 거예요!

떠올리기　　'나만의 캐릭터' 그리기

◆ 수업 계획: 15분

교사: 안녕하세요, 여러분! 오늘은 여러분이 좋아하는 색깔을 가지고 나만의 캐릭터를 그려 보는 시간을 가질 거예요. 캐릭터는 여러분의 상상력을 표현할 수 있는 멋진 방법이죠! 그럼 혹시 좋아하는 색깔은 무엇인지 손들어 볼까요?

(학생들의 다양한 대답을 듣습니다.)

교사: 자, 먼저 여러분이 오늘 그릴 캐릭터의 색깔을 생각해 보세요. 저는 파란색으로 캐릭터를 만들어볼 거예요. 여러분의 캐릭터는 어떤 색깔을 가질까요?

(학생들이 생각할 시간을 줍니다.)

교사: 각자 선택한 색깔과 그 이유를 친구들에게 이야기해볼까요?

(학생들이 자유롭게 의견을 말할 수 있도록 격려하며, 긍정적인 피드백을 줍니다.)

교사: 이제 여러분의 선택한 색깔로 나만의 캐릭터를 그려봅시다! 준비된 종이와 연필을 꺼내 주세요.

(학생들이 그림을 그리는 동안 교사는 교실을 돌아다니며 도움을 줍니다.)

교사: 잘 그리고 있어요! 이 부분은 더 귀엽게 할 수 있을 것 같아요!

(몇몇 학생들의 작품을 살펴봅니다.)

교사: 이제 여러분의 캐릭터를 친구에게 소개할 시간이에요. 내 캐릭터의 이름은 무엇이고, 어떤 특징이 있을까요?

(학생들이 짝과 함께 활동하는 시간을 갖습니다.)

교사: 정말 멋진 캐릭터들이에요! 소개도 잘했어요. 오늘 우리는 나만의 캐릭터를 만들고, 서로의 상상을 나눴어요. 여러분의 캐릭터는 특별하고 소중한 존재입니다.

다. 수업 정리

감사하기

◆ **감사 나누기**(10분)

교사: 여러분, 오늘 우리는 나만의 캐릭터를 그려보았어요. 이제 지난 시간처럼 이런 활동을 통해 감사함을 찾는 "나는 무엇을 해서 고마워?" 활동을 해볼 거예요. 여러분, '나는 무엇을 해서 고마워'라고 생각나는 것이 있나요? 예를 들어, "나는 친구가 내 캐릭터를 칭찬해줘서 고마워" 또는 "나는 선생님이 내 창의력을 인정해주셔서 고마워" 이런 식으로요. 이제 각자 '나는 무엇을 해서 고마워'라는 문장을 생각해 보면서, 그 이유를 종이에 적어보세요. 작성한 후에는 한 명씩 발표해볼 거예요.

(학생들이 감사한 마음을 적어볼 시간을 준다.)

교사: 자, 이제 한 명씩 자신이 적은 감사한 마음을 이야기해볼까요? 누가 먼저 발표해볼까요?

(학생들이 한 명씩 발표할 수 있도록 진행한다.)

교사: 여러분, 정말 멋진 감사의 마음들이에요! 이렇게 우리가 서로 감사하는 마음을 찾고 표현하는 건 정말 중요한 일이에요. 앞으로도 우리 모두 서로 고마운 마음을 잘 나누어 보아요. 오늘 수업에서 나만의 캐릭터를 그리고, 친구들과 이야기도 나누고, 서로 칭찬해준 우리 모두에게 큰 박수를 보냅시다!

(학생들이 스스로 박수를 치도록 유도하면서 수업을 마친다.)

교사: 다음 활동에서도 서로를 이해하고, 멋진 상상력으로 표현하는 시간을 가져볼 거예요. 그럼 모두 다음 시간에 또 만나요. 안녕~!

4. 촉진 전략

가. 지지적이고 포용적인 학습 환경 조성

1) 모든 학생들이 자유롭게 자신의 캐릭터를 표현할 수 있는 분위기를 만들어 주세요. 각자

의 개성과 창의성을 존중하도록 유도합니다.

2) 활동 중에는 학생들이 서로의 캐릭터를 칭찬하고 격려할 수 있도록 합니다.

나. 그룹 토론 및 활동 관리

1) 작은 그룹으로 나누어 친구들과 협력하여 활동하도록 유도하고, 서로의 캐릭터를 공유하며 다양한 의견을 나눠볼 수 있게 합니다.

2) 각 그룹에서 나온 다양한 캐릭터 아이디어를 나누고, 그 과정에서 서로 배울 수 있는 점들을 공유합니다.

다. 민감한 주제 다루기

1) 활동을 통해 학생들이 자신의 감정이나 특징을 캐릭터로 표현할 수 있지만, 어떤 학생은 표현에 어려움을 느낄 수 있습니다. 이를 배려하여, 강요하지 않고 자유롭게 선택하도록 합니다.

2) 학생들이 안전하고 편안하게 활동할 수 있도록 분위기를 조성합니다.

5. 추가 자료

가. 추천 동요나 동화

1) 동요

〈곰 세 마리〉

귀여운 곰 가족의 이야기를 담은 노래로, 아이들이 좋아하는 동요입니다.

〈아기 상어〉

신나는 리듬과 함께 아기 상어 가족의 모험을 그린 노래입니다.

〈작은 별〉

밤하늘의 작은 별을 바라보며 상상력을 자극하는 동요입니다.

〈숲속의 작은 집〉

숲속의 작은 집에서 일어나는 재미있는 이야기를 담은 노래입니다.

<나비야>

아름다운 나비의 모습을 그리며 즐길 수 있는 동요입니다.

<내 마음의 그림>

자신의 감정을 그림으로 표현하는 내용의 노래입니다.

2) 동화

<너는 특별하단다>

자신의 특별함을 인식하고 표현하는 내용의 노래입니다.

<나는 나예요>

자신의 개성을 긍정적으로 받아들이는 내용의 동화입니다.

<넌 아주 특별해>

자신의 고유한 가치를 깨닫게 해주는 내용의 동화입니다.

<나는 나야>

집중력을 높여 공부를 잘하게 해 준다는 '집중력 안경'을 쓰면서 생기는 소동을 그린 작품입니다.

<색깔 나라 여행>

다양한 색깔을 통해 개성을 표현하는 내용의 동화입니다.

나. 활동

1) 캐릭터 소개하기: 자신이 만든 캐릭터를 친구들에게 소개하고 특징을 설명하는 활동입니다.

2) 캐릭터 가족 만들기: 자신의 캐릭터와 어울리는 가족 캐릭터를 만드는 활동입니다.

3) 캐릭터 변신하기: 자신의 캐릭터가 다른 모습으로 변신한다면 어떤 모습일지 상상하여 그리는 활동입니다.

6. 교사 노트

가. 수업 조정

1) 수업을 진행하면서 각 학생들의 반응을 살펴보고, 어려워하는 학생에게는 좀 더 쉬운 활동을 제공할 수 있도록 유연하게 수업을 조정합니다.

2) 그림 그리기를 어려워하는 학생에게는 간단한 도형이나 스티커를 활용하여 캐릭터를 만들 수 있는 기회를 제공합니다.

나. 문화적 가치 통합

각 학생들의 문화적 배경을 고려하여, 캐릭터 만들기 활동이 학생들에게 의미가 있도록 합니다. 예를 들어, 특정 문화의 전통 의상이나 상징물을 캐릭터에 반영할 수 있도록 합니다.

다. 개인화된 수업

1) 학생들이 자신만의 독특한 캐릭터를 만들 수 있도록 격려하며, 자신만의 창의력을 발휘할 수 있는 환경을 만들어 주세요.

2) 이 수업을 통해 학생들이 자신을 표현하는 창의적 활동을 즐기면서 자아 존중감을 높이고, 타인의 개성을 존중하는 태도를 기를 수 있도록 합니다.

2-2-❸ 색깔 풍선 타임머신 여행

1. 목표와 목적

가. 교육 목표

1) 상상력 개발

학생들이 시간 여행이라는 주제를 통해 창의적 사고를 확장하고 표현할 수 있도록 지원합니다.

2) 공감 능력 향상

친구들의 시간 여행 이야기를 듣고 서로의 상상을 이해하며 공감하는 능력을 키웁니다.

3) 긍정적인 자기 표현 촉진

색깔 풍선을 통해 자신의 감정과 생각을 표현함으로써 자신감을 키웁니다.

나. 교육 목적(발달적 연관성)

1) 정서적 발달

이번 단원에서는 학생들의 감정 표현 능력을 개발하고, 시간의 개념에 대한 이해를 심화하는 활동이 포함되어 있습니다.

2) 사회적 발달

학생들이 자신의 상상을 공유하고, 타인의 이야기를 경청하며 사회성을 기를 수 있도록 돕습니다.

2. 수업 구성

가. 학습 성과

색깔 풍선 그리기, 시간 여행 상상하기, 여행 이야기 나누기, 감사하는 마음 표현하기 활동으로 구성됩니다.

나. 제안 시간

1) '마음 열기' 단계: 15분

2) '찾아내기' 단계: 15분

3) '감사하기' 단계: 10분

다. 준비물

1) 미술용품: 종이, 색연필, 마카, 스티커 등

2) 추가 자료: 시간 여행 관련 그림이나 사진 자료

3) 〈아빠와 크레파스〉 노래 가사와 음원

라. 수업 준비 팁

1) 시간 여행에 대한 다양한 예시를 준비하여 학생들의 상상력을 자극합니다.

2) 학생들이 편안하게 자신의 상상을 표현할 수 있는 분위기를 조성합니다.

3) 사전에 시간의 개념에 대해 간단히 설명하여 학생들의 이해를 돕습니다.

3. 활동 지침

가. 수업 목표

1) 색깔 풍선을 통해 자신의 감정과 생각을 표현할 수 있습니다.

2) 시간 여행을 상상하고 이를 창의적으로 표현할 수 있습니다.

3) 친구들의 시간 여행 이야기를 듣고 서로의 상상을 존중하는 태도를 기릅니다.

4) 시간 여행 활동을 통해 과거, 현재, 미래에 대한 이해를 높이고 자아 인식을 확장합니다.

나. 수업 전개

마음 열기 │ 만약 시간 여행을 할 수 있다면?

◆ **수업 계획**: 15분

교사: 안녕하세요, 여러분! 오늘은 특별한 상상력을 발휘해서 시간을 여행하는 활동을 해볼 거예요. 만약 여러분이 시간 여행을 할 수 있다면, 어떤 시간으로 가고 싶나요? 예를 들어, 선생님은 공룡이 살던 시대로 가서 공룡을 직접 보고 싶어요! 여러분은 어떤 시간이 떠오르나요?

(학생들의 다양한 대답을 듣습니다.)

교사: 여러분이 시간 여행을 떠난다면, 과거로 갈까요? 아니면 미래로 갈까요? 그곳에서 무슨 일이 일어날까요? 누구를 만나고 싶나요?

학생들: 저는 미래에 가서 우주여행을 하고 싶어요! 저는 과거로 가서 왕이 되어보고 싶어요!

교사: 이제 여러분이 상상한 시간 여행의 이야기를 그림으로 그리거나 적어보세요. 타임머신에서 내려서 무엇을 하고 싶은지도 적어볼까요?

(학생들이 그림을 그리거나 글을 쓰는 동안 교사는 교실을 돌아다니며 도움을 줍니다.)

교사: 어떤 시간 여행을 상상했나요? 왜 그 시간으로 가고 싶다고 생각했나요?

(몇몇 학생들의 발표를 들어봅니다.)

교사: 이제 짝꿍과 함께 자신의 시간 여행 이야기를 나눠보세요. 서로의 상상을 칭찬해주세요.

(학생들이 짝꿍과 함께 활동하는 시간을 갖습니다.)

교사: 우와, 너는 공룡 시대에 가고 싶구나! 정말 재미있을 것 같아!

교사: 오늘 여러분이 상상한 시간 여행 이야기는 정말 멋졌어요. 우리가 상상력을 발휘하면 어떤 시간으로도 갈 수 있답니다. 앞으로도 마음속에서 자유롭게 여행하며 새로운 생각을 떠올려 보세요. 이제 한 마디로 자신의 시간 여행을 요약해 발표해볼까요?

(학생들이 한 마디로 자신의 시간 여행을 요약해 발표합니다.)

교사: 우리 모두 함께 '타임머신'을 외치며 다음 페이지로 넘어갈까요? 시작!

학생들: 타임머신!

고르기 　풍선을 타고 내가 좋아하는 시간 속으로

◆ **수업 계획:** 15분

교사: 안녕하세요, 여러분! 오늘은 우리가 풍선을 타고 내가 좋아하는 시간 속으로 여행하는 상상을 해볼 거예요. 우선, 풍선들은 어디로 가고 있을까요? 여러분의 생각을 함께 나눠봐요.

교사: 여러분, 만약 여러분이 풍선을 타고 여행할 수 있다면 어디로 가고 싶나요? 그리고 어떤 활동을 하고 싶나요?

(학생들의 다양한 대답을 듣습니다.)

교사: 그럼 다음 활동으로 가볼까요? 오른쪽 빈 풍선에 여러분이 좋아하는 활동을 적어보세요.

(학생들이 활동을 적는 동안 교사는 교실을 돌아다니며 도움을 줍니다.)

교사: 이제 각자 적은 활동에 대해 친구들과 이야기를 나눠보세요. 어떤 활동이 좋았는지 공유하고, 서로의 생각을 들어보는 거예요.

(학생들이 짝과 함께 활동하는 시간을 갖습니다.)

교사: 모두가 하고 싶은 활동을 찾아보세요. 그리고 그 활동을 함께 해보는 것은 어때요? 지금까지 적은 활동들 중에서 모두가 하고 싶어 하는 활동을 정해봅시다.

(몇몇 학생들의 발표를 들어봅니다.)

교사: 이제 여러분이 선택한 시간 여행 중 소중한 사람에게 감사한 점을 생각해 보세요. 그 점을 적거나 말해보면 좋겠어요.

(학생들이 감사한 마음을 나누는 시간을 갖습니다.)

교사: 오늘은 풍선을 타고 내가 좋아하는 시간 속으로 여행하면서 다양한 활동을 함께 이야기 나누어 보았어요. 여러분이 좋아하는 활동을 다른 친구들과 공유하는 것이 얼마나 소중한지 느꼈길 바랍니다. 마지막으로 각자 하고 싶은 활동을 크게 외쳐보죠!

(학생들이 각자 자신이 하고 싶은 활동을 외칩니다.)

교사: 잘했어요! 그럼 다음 활동으로 넘어가 볼까요?

다. 수업 정리

감사하기

◆ 감사 나누기(10분)

교사: 여러분, 오늘 우리는 풍선을 타고 시간 여행을 하는 상상을 해보았어요. 이제 지난 시간처럼 이런 활동을 통해 감사함을 찾는 "나는 무엇을 해서 고마워?" 활동을 해볼 거예요. 여러분, '나는 무엇을 해서 고마워'라고 생각나는 것이 있나요? 예를 들어, "나는 친구와 함께 시간 여행을 상상해서 고마워" 또는 "나는 좋아하는 시간으로 여행할 수 있는 상상력이 있어서 고마워" 이런 식으로요. 이제 각자 '나는 무엇을 해서 고마워'라는 문장을 생각해 보면서, 그 이유를 종이에 적어보세요. 작성한 후에는 지난 시간처럼 한 명씩 발표해볼 거예요.

(학생들이 감사한 마음을 적어볼 시간을 준다.)

교사: 자, 이제 한 명씩 자신이 적은 감사한 마음을 이야기해볼까요? 누가 먼저 발표해볼까요?

(학생들이 한 명씩 발표할 수 있도록 진행한다.)

교사: 여러분, 정말 멋진 감사의 마음들이에요! 이렇게 우리가 서로 감사하는 마음을 찾고 표현하는 건 정말 중요한 일이에요. 앞으로도 우리 모두 서로 고마운 마음을 잘 나누어 보아요. 오늘 수업에서 시간 여행을 상상하고, 풍선도 그리고, 친구들과 이야기도 나눈 우리 모두에게 큰 박수를 보냅시다!

(학생들이 스스로 박수를 치도록 유도하면서 수업을 마친다.)

교사: 다음 활동에서도 서로를 이해하고, 멋진 상상력으로 표현하는 시간을 가져볼 거예요. 그럼 모두 다음 시간에 또 만나요. 안녕~!

4. 촉진 전략

가. 지지적이고 포용적인 학습 환경 조성

1) 모든 학생들이 자유롭게 시간 여행을 상상하고 표현할 수 있는 분위기를 만들어 주세요.

각자의 상상력과 아이디어를 존중하도록 유도합니다.

2) 활동 중에는 학생들이 서로의 시간 여행 이야기를 경청하고 격려할 수 있도록 합니다.

나. 그룹 토론 및 활동 관리

1) 작은 그룹으로 나누어 친구들과 협력하여 활동하도록 유도하고, 서로의 시간 여행 아이디어를 공유하며 다양한 의견을 나눠볼 수 있게 합니다.

2) 각 그룹에서 나온 다양한 시간 여행 아이디어를 나누고, 그 과정에서 서로 배울 수 있는 점들을 공유합니다.

다. 민감한 주제 다루기

1) 활동을 통해 학생들이 자신의 감정이나 희망사항을 표현할 수 있지만, 어떤 학생은 표현에 어려움을 느낄 수 있습니다. 이를 배려하여, 강요하지 않고 자유롭게 선택하도록 합니다.

2) 학생들이 안전하고 편안하게 활동할 수 있도록 분위기를 조성합니다.

5. 추가 자료

가. 추천 동요나 동화

1) 동요

〈아빠와 크레파스〉

상상력을 자극하는 노래로, 시간 여행 활동과 연계할 수 있습니다.

〈가을 빛깔 무지개〉

다양한 색깔을 표현하는 노래로, 풍선 색깔 선택 활동과 연결할 수 있습니다.

〈내가 바라는 세상〉

내가 바라는 세상에 대한 희망을 노래하는 곡으로, 미래로의 시간 여행과 연관 지을 수 있습니다.

2) 동화

〈이상한 나라의 앨리스〉

루이스 캐럴의 동화로, 앨리스가 토끼굴을 통해 이상한 나라로 모험을 떠나는 이야기로 학생들의 상상력을 자극할 수 있습니다.

〈2030년에는 투명 망토가 나올까?〉

2030년 미래 사회를 예측하는 어린이 과학책입니다.

〈할아버지의 시계〉

과거로의 여행을 다루는 동화로, 역사에 대한 관심을 불러일으킵니다. 한 인간의 탄생과 죽음에 이르기까지 팔십여 년의 시간을 시대별로 섬세하게 묘사합니다.

나. 활동

1) 시간 여행 일기 쓰기: 자신이 상상한 시간 여행을 간단한 일기 형식으로 적어봅니다.

2) 미래의 나에게 편지 쓰기: 미래의 자신에게 편지를 써보는 활동을 통해 꿈과 희망을 표현합니다.

3) 과거 인물 되어보기: 역사 속 인물이 되어 간단한 역할극을 해봅니다.

6. 교사 노트

가. 수업 조정

1) 수업을 진행하면서 각 학생들의 반응을 살펴보고, 어려워하는 학생에게는 좀 더 쉬운 활동을 제공할 수 있도록 유연하게 수업을 조정합니다.

2) 상상력을 발휘하기 어려워하는 학생에게는 구체적인 예시를 들어주거나, 그림으로 표현하게 하는 등 다양한 방법을 제시합니다.

나. 문화적 가치 통합

각 학생들의 문화적 배경을 고려하여, 시간 여행 활동이 학생들에게 의미 있도록 합니다. 예를 들어, 다양한 문화의 역사적 사건이나 인물을 소개하여 시간 여행 목적지로 선택할 수 있게 합니다.

다. 개인화된 수업

1) 학생들이 자신만의 독특한 시간 여행 이야기를 만들 수 있도록 격려하며, 자신만의 창의력을 발휘할 수 있는 환경을 만들어 주세요.

2) 이 수업을 통해 학생들이 상상력을 발휘하고 자신의 생각을 표현하는 즐거움을 느끼며, 동시에 시간의 개념과 역사에 대한 흥미를 키울 수 있도록 합니다.

소중한 '나'

지금의 나를 소중하게 생각하고, 사랑합시다. 지금부터 나의 소중함을 찾는 여행을 떠나 봅시다.

몸은 소중해요

3-1-❶ 손으로 무엇을 할까요?

1. 목표와 목적

가. 교육 목표

1) 자기 인식 개발

자신의 몸과 손이 할 수 있는 다양한 활동을 통해, 학생들이 자기 자신과 연결되는 경험을 합니다.

2) 공감 촉진

서로의 활동을 공유하고 존중함으로써 친구들과의 관계에서 감정적으로 연결됩니다.

3) 긍정적인 자기 표현 촉진

손을 사용하여 창의적으로 활동하고 자신감을 갖는 방법을 배웁니다.

나. 교육 목적(발달적 연관성)

1) 정서적 발달

1, 2학년 학생들은 자기 인식과 감정 조절 능력이 중요한 시기입니다. 손으로 만지거나 창의적인 활동을 통해 감정을 표현하고 이해할 수 있는 기회를 제공합니다.

2) 사회적 발달

협력적 활동을 통해 친구들과의 상호작용을 배우고, 공감과 협력의 중요성을 이해합니다.

2. 수업 구성

가. 학습 성과

1) 학생들이 손을 사용해 다양한 활동을 통해 몸의 소중함을 느끼고, 이를 표현할 수 있도록 합니다.

2) 손으로 조물락조물락 찰흙을 만지거나, 예쁜 손 동요를 부르며 감정을 표현하는 경험을 제
공합니다.

나. 제안 시간

1) '마음 열기' 단계: 15분

찰흙놀이를 통해 손으로 무엇을 할 수 있는지 탐색해봅니다.

2) '찾아내기' 단계: 15분

〈예쁜 손〉 동요를 부르며, 손을 어떻게 사용할 수 있는지 알아봅니다.

3) '감사하기' 단계: 10분

친구와 함께 손을 통해 감사를 표현하며 마무리합니다.

다. 준비물

1) 찰흙 또는 점토

2) 동요 가사와 음원이 담긴 자료

3) 작은 종이와 색연필, 스티커 등 미술용품

라. 수업 준비 팁

1) 찰흙이나 점토가 쉽게 구를 수 있는 형태로 준비하고, 학생들이 손쉽게 만질 수 있도록 부
드럽게 만들어 주세요.

2) 동요 가사와 음원을 사전에 준비해 두어 원활한 수업 진행이 가능하도록 합니다.

3. 활동 지침

가. 수업 목표 제시

1) 학생들이 손을 사용하여 찰흙을 만지고, 손끝으로 다양한 감각을 경험해봅니다.

2) 찰흙을 사용하여 매끄럽고 예쁜 동그라미, 그리고 엉망진창인 모형을 만들어 보며 창의적
인 표현 능력을 키웁니다.

3) 예쁜 손의 의미와 미운 손의 의미를 이해합니다.

4) 손의 중요성을 이해하고, 예쁜 손을 사용하는 방법을 배웁니다.

나. 수업 전개

마음 열기   조물락 조물락 찰흙놀이

◆ **수업 계획**: 15분

교사: 안녕하세요, 친구들! 오늘은 새로운 단원 수업을 할 거예요. 우리 교재 60쪽을 볼까요? 3단원은 제목이 뭘까요?

학생들: '몸은 소중해요'입니다.

교사: 네. 모두 대답 잘했어요. 우리는 앞으로 오늘 수업을 포함해서 3차시에 걸쳐서 '몸은 소중해요'를 배울 거예요. 오늘은 우리 몸 중에서 '손'의 고마움을 아는 수업을 할 것입니다. 먼저, 찰흙놀이를 해볼까요?

학생들: 네.

교사: 우리 손으로 찰흙을 만져보면서, 여러 가지 재미있는 모양을 만들어 봅시다. 손끝으로 찰흙을 만지면 어떤 느낌이 들까요? 찰흙이 차갑기도 하고, 부드럽기도 하고, 다양한 감각이 느껴질 거예요. 또, 찰흙으로 다양한 모양을 만들어 볼 것이예요.

(교사가 학생들의 호기심을 충분히 자극해줍니다.)

교사: 자, 이제 여러분은 짝을 이뤄서 앉아주세요. 각자 찰흙을 하나씩 받을 거예요. 짝꿍에게 찰흙을 반씩 나누어 주세요. 한 덩어리의 찰흙을 나누면, 두 명이서 함께 놀이를 할 수 있어요!

(교사가 학생들의 활동이 원활하게 되도록 잘 유도해줍니다.)

교사: 이제 두 손으로 찰흙을 마음대로 만져볼 거예요. 찰흙을 꾹꾹 눌러보거나, 손끝으로

130

밀어보기도 하고, 손으로 이리저리 찌그러뜨려 보세요. 찰흙을 만지면서 어떤 느낌이 드나요? 부드럽고 따뜻한 느낌이 나지 않나요? 여러분의 손으로 찰흙을 어떻게 만지면 좋을지 자유롭게 생각해 보세요!

(학생들이 교사의 수업 진행에 따라 능동적으로 잘 할 수 있도록 이끌어줍니다.)

교사: 이제 손으로 찰흙을 만졌으니, 여러분이 만든 찰흙으로 예쁘고 매끄러운 동그라미를 만들어볼 거예요. 동그라미는 어떻게 만들 수 있을까요? 손으로 찰흙을 눌러서 양옆으로 돌리면서 둥글게 만들어보세요. 예쁘고 동그란 동그라미가 되었나요? 여러분이 만든 동그라미를 한번 보여 주세요!

(학생들이 정성스럽게 동그랗고 예쁜 동그라미를 만들 수 있도록 유도합니다. 학생들 자신이 만든 예쁜 동그라미를 들어 보여줍니다.)

교사: (학생들이 보여준 동그라미를 둘러봅니다.) 네. 모두 정성스럽게 동그랗고 예쁜 동그라미를 잘 만들었어요. 자, 이제는 좀 더 자유롭게! 찰흙을 가지고 엉망진창인 모형을 만들어보세요. 찰흙을 뭉치고 찌그러뜨리고, 늘리고, 자르고 자유롭게 변형시켜보세요. 여러분이 생각하는 가장 엉망진창인 모형은 무엇인가요? 재미있는 모양이 나온 친구들이 있으면, 다른 친구들과 함께 보여 주고 이야기해봅시다.

(학생들이 자유롭게 마음껏 엉망진창 모양을 만들 수 있도록 유도합니다. 학생들이 그 찰흙을 들어 보여 주도록 유도합니다.)

교사: (학생들이 보여준 찰흙을 둘러봅니다.) 오늘 찰흙을 가지고 손으로 만지면서 예쁜 동그라미도 만들고, 엉망진창인 모형도 만들어봤어요. 손으로 만든 것들은 어떤 느낌이었나요? 여러분이 만든 모양을 자랑하고 싶은 친구들은 손들어 볼까요? 모두 잘했어요!

찾아내기   예쁜 손

◆ **수업 계획:** 15분

교사: 지금부터 우리가 자주 사용하는 손에 대해 이야기해 볼 거예요. 여러분, 손이 왜 중요한지 아세요? 손은 우리가 물건을 들고, 그림을 그리고, 친구와 인사를 할 때 사용해요. 그런데 손에도 '예쁜 손'과 '미운 손'이 있다는 걸 알고 있나요?

(학생들이 손에 대해 생각할 수 있는 시간을 줍니다)

교사: 여러분 '예쁜 손'과 '미운 손'에 대해 잘 생각해 보았나요? 우선, '예쁜 손'이라는 동요를 들을 거예요. 이 노래를 듣고 손으로 무엇을 할 수 있을지 생각해봅시다. 준비됐나요?

학생들: 네

교사: 이제 〈예쁜 손〉 동요를 들려줄 거예요. 가사에 맞춰 손으로 어떤 행동을 할 수 있을지 생각해 보세요. 가사와 손 모양을 잘 들으며 들어봐요.

〈예쁜 손〉 동요

링크 주소: https://www.youtube.com/watch?v=t0YMvpJkl1A를 들려주고, 학생들이 손 모양을 따라 해보도록 유도합니다.)

교사: 여러분, 동요를 잘 들었나요?

학생들: 네.

교사: 그럼, 교재 63쪽을 봅시다. 63쪽의 첫 번째 질문을 얘기해봅시다.

(교사가 학생 한 명을 지목해도 되고, 전체 학생들에게 대답을 유도해도 됩니다.)

학생: (63쪽을 보고 대답합니다.)

교사: 네. 잘 말했어요. 예쁜 손으로 할 수 있는 일이 무엇인지 생각해봅시다. 예쁜 손은 무엇을 할까요?

학생들: "그림을 그릴 때", "친구를 도와줄 때", "인사를 할 때", "물을 마실 때" 등 다양한 대답을 합니다.

교사: 맞아요! 예쁜 손은 우리가 다른 사람을 도와줄 때나 좋은 행동을 할 때 사용하는 손이에요. 그럼 두 번째 질문을 봅시다. 두 번째 질문은 무엇일까요?

학생들: 교재를 보고 대답합니다.

교사: 대답을 아주 잘했어요. 미운 손은 어떤 손일까요?

학생들: "누군가를 때릴 때", "물건을 부수면 안 되는데 부술 때", "욕을 할 때" 등 부정적인 행동에 대한 다양한 대답을 합니다.

교사: 맞아요! 미운 손은 다른 사람을 아프게 하거나, 나쁜 행동을 할 때 사용하는 손이에요. 여러분의 예쁜 손을 미운 손으로 만들면 되겠어요?

학생들: 아니요.

교사: 네. 맞아요. 우리의 소중한 손을 미운 손으로 만들면 안 돼요. 우리의 소중한 손을 예쁜 손으로 잘 가꾸어야 해요. 알겠죠?

학생들: 네.

교사: 지금까지 우리는 예쁜 손과 미운 손에 대해 배웠어요. 예쁜 손은 다른 사람을 도와주고, 좋은 일을 할 때 사용하고, 미운 손은 사람을 아프게 하거나 나쁜 행동을 할 때 사용해요. 우리 모두 예쁜 손을 자주 쓰는 사람이 되도록 노력해봐요! 알았죠?

학생들: 네

교사: 오늘 배운 것들을 친구들과 함께 잘 지켜보세요. 우리 서로 약속해요.

다. 수업 정리

감사하기

◆ 감사 나누기(10분)

교사: 우리는 오늘 '조물락 조물락 찰흙놀이'와 '예쁜 손' 활동을 했어요. 이제는 지난 시간에 했던 것처럼 이런 활동을 통해 감사함을 찾는 "나는 무엇을 해서 고마워?" 활동 시간입니다. 여러분, '나는 무엇을 해서 고마워'라고 생각해 봐요. 이제 각자 '나는 무엇을 해서 고마워'라는 문장을 생각해 보면서, 그 이유를 적어보세요. 작성한 후 지난 시간처럼 한 명씩 얘기해봅시다.

(학생들이 감사한 마음을 적어볼 시간을 주고, 한 명씩 얘기할 수 있도록 수업을 진행해주세요.)

교사: 이렇게 우리가 서로 감사하는 마음을 찾고 표현하는 건 정말 중요한 일이에요. 우리 모두 서로 고마운 마음을 잘 나누어 보아요. 오늘 수업 열심히 잘한 우리 모두에게 큰 박수를 보냅니다.

(학생들이 스스로 박수를 칠 수 있도록 유도하면서 수업을 마친다)

교사: (마지막 인사) "그럼 모두 내일 또 만나요. 안녕~!"

4. 촉진 전략

가. 지지적이고 포용적인 학습 환경 조성

1) 모든 학생들이 자유롭게 표현할 수 있는 분위기를 만들어 주세요. 손 모양이나 동요를 따라하는 데 있어 서로의 차이를 존중하도록 유도합니다.

2) 활동 중에는 학생들이 서로의 작품을 칭찬하고 격려할 수 있도록 합니다.

나. 그룹 토론 및 활동 관리

1) 작은 그룹으로 나누어 친구들과 협력하여 활동하도록 유도하고, 서로의 작업을 공유하며

다양한 의견을 나눠볼 수 있게 합니다.

2) 각 그룹에서 나온 다양한 손 모양이나 동요를 나누고, 그 과정에서 서로 배울 수 있는 점

들을 공유합니다.

다. 민감한 주제 다루기

1) 활동을 통해 학생들이 손으로 감정을 표현하거나 다룰 수 있지만, 어떤 학생은 감정 표현에

어려움을 느낄 수 있습니다. 이를 배려하여, 강요하지 않고 자유롭게 선택하도록 합니다.

2) 학생들이 안전하고 편안하게 활동할 수 있도록 분위기를 조성합니다.

5. 추가 자료

〈예쁜 손〉 동요는 아이들의 손을 아름답게 표현하면서, 손의 역할과 소중함을 강조하는 노래

입니다. 이 동요와 주제가 유사한 다른 동요, 동화, 그리고 초등학교 1, 2학년 학생들을 위한

활동을 아래와 같이 제안합니다.

가. 추천 동요나 동화

1) 동요

〈손에 손을〉

가 동요는 친구와 함께 손을 잡고, 협력하고 도와주는 중요성을 이야기하는 노래입니다. 손

을 통해 서로 돕는 모습과 협력의 가치를 배울 수 있습니다.

〈두 손을 모아요〉

가 동요는 손을 모아 기도하는 내용으로, 손을 모은 의미와 함께 평화와 사랑을 표현하는 노

래입니다. 〈예쁜 손〉처럼 손을 중요한 도구로 삼아, 그 의미를 배울 수 있습니다.

〈내 손에 점찍기〉

손끝에 점을 찍으며 손의 아름다움과 그 기능을 표현하는 동요로, 손의 역할을 강조하는 내

용이 〈예쁜 손〉과 유사합니다.

2) 동화

〈손톱 밑의 작은 별〉

가 동화는 손톱 밑에 숨겨진 작은 별을 찾아가는 이야기를 통해 손의 중요성, 그리고 작은 것들의 소중함을 일깨워줍니다.

〈다섯 손가락〉

가 동화는 다섯 손가락이 각기 다른 역할을 맡아 협력하는 이야기를 담고 있습니다. 손의 역할을 부각시키면서 협동과 연대감을 배우는 이야기입니다.

〈손수건〉

손수건을 통해 주인공이 작은 도움을 주고받으며 성장하는 이야기를 다룹니다. '손'의 중요성과 소중함을 느낄 수 있는 내용입니다.

나. 활동

1) 손 그림 그리기 활동

학생들에게 자신의 손 모양을 그리고, 손의 각 부분을 설명하는 활동을 할 수 있습니다. 예를 들어, "이 손은 무엇을 할 수 있을까요?"와 같은 질문을 던지며 손의 역할을 배울 수 있습니다.

2) 손가락과 관련된 체조

손과 손가락을 이용한 간단한 체조를 하여, 손의 유연성을 기르고, 손의 중요성을 몸으로 배울 수 있습니다. 예를 들어, 손목을 돌리거나 손끝을 굽히는 동작을 통해 손을 사용하는 재미있는 방법을 익힐 수 있습니다.

3) 손으로 하는 미술 활동

손에 페인트를 묻혀 손자국을 찍거나, 손으로 다양한 그림을 그리는 미술 활동을 통해 손의 아름다움과 예술적 가능성을 경험할 수 있습니다. "예쁜 손"처럼 손을 사용하여 창의적으로 표현할 수 있습니다.

6. 교사 노트

가. 수업 조정

1) 수업을 진행하면서 각 학생들의 반응을 살펴보고, 어려워하는 학생에게는 좀 더 쉬운 활동을 제공할 수 있도록 유연하게 수업을 조정합니다.

2) 학생들의 성향에 맞춰 찰흙을 더 부드럽게 만들어 주거나, 손을 잘 쓰지 않는 학생에게는 다른 방법으로 참여할 수 있는 기회를 제공합니다.

나. 문화적 가치 통합

각 학생들의 문화적 배경을 고려하여, 손을 사용한 활동이 학생들에게 의미가 있도록 합니다. 예를 들어, 특정 문화에서 손으로 특별한 의미를 갖는 표현이 있다면 이를 수업에 통합할 수 있습니다.

다. 개인화된 수업

1) 학생들이 자신만의 작품을 만들 수 있도록 격려하며, 자신만의 창의력을 발휘할 수 있는 환경을 만들어 주세요.

2) 이 수업을 통해 학생들이 손을 사용한 창의적 활동을 즐기면서 몸의 소중함을 깨닫고, 공감과 협력의 가치를 배울 수 있도록 합니다.

1. 목표와 목적

가. 교육 목표

1) 자기 인식 개발

자신의 몸과 발이 얼마나 소중한지 이해하고, 발에 대해 긍정적인 감정을 형성합니다.

2) 공감 촉진

다른 사람의 발을 존중하고, 서로의 다름을 인정하는 태도를 배웁니다.

3) 긍정적인 자기 표현 촉진

자신의 발을 그리거나 동요를 부르면서 자신을 표현하는 방법을 배웁니다.

나. 교육 목적(발달적 연관성)

1학년, 2학년 학생들은 자신과 타인의 감정을 이해하는 데 중요한 시기입니다. 이 수업은 학생들이 자신의 몸과 발을 소중하게 여기고, 타인의 몸을 존중하는 감정을 배울 수 있도록 도와줍니다. 정서적 발달과 사회적 관계에 긍정적인 영향을 미칠 것입니다.

2. 수업 구성

가. 학습 성과

1) 학생들은 자신의 발을 그려보며 자기 인식을 확장하고, 발에 대한 소중함을 이해하게 됩니다.

2) '소중한 발' 동요를 통해 발에 대해 감사하는 마음을 기릅니다.

3) 친구와 함께 발을 존중하고, 서로의 다름을 이해하는 활동을 합니다.

나. 제안 시간

1) 1차 활동: 발 그리기 활동 (약 15분)

2) 2차 활동: '소중한 발' 동요 부르기 (약 15분)

3) 3차 활동: 감사하기 (약 10분)

다. 준비물

1) 미술용품: 크레용, 색연필, 종이

2) 동요 가사 및 음악

3) 감사 카드용 종이와 마커

라. 수업 준비 팁

1) 미술용품과 감사 카드용 종이를 미리 준비해 주세요.

2) '소중한 발' 동요를 미리 듣고 가사를 익혀 학생들과 함께 부를 수 있도록 준비합니다.

3) 발에 대한 이해를 돕기 위해 발 사진이나 그림을 준비하면 좋습니다.

3. 활동 지침

가. 수업 목표 제시

1) 학생들이 자신이 가진 발의 모양을 잘 관찰하고, 그것을 그림으로 표현할 수 있습니다.

2) 이를 통해 몸의 중요성을 느끼고, 자신의 몸에 대해 더 깊이 생각해볼 수 있습니다.

3) 발의 중요성을 이해하고, 발가락과 몸의 다른 기관들이 어떻게 연결되는지 알아봅니다.

4) 발을 소중히 여기는 마음을 기르고, 몸의 다양한 기관들이 서로 어떻게 협력하는지 이해
합니다.

나. 수업 전개

마음 열기   나의 발을 그려 보아요

◆ **수업 계획**: 15분

- 준비물: 종이, 연필, 지우개, 색연필 (선택 사항)

학생들이 자신만의 발을 그리면서, 몸의 소중함을 느끼고 창의적으로 표현할 수 있는 기회를 제공하는 수업이 될 것입니다!

교사: 여러분, 우리는 매일 걸어 다니고 뛰어놀죠? 그렇다면 여러분의 발은 어떤 모양일까요? 오늘은 우리 자신의 발을 잘 살펴보고 그려보는 활동을 할 거예요. 발은 우리 몸에서 매우 중요한 역할을 하죠. 그럼 발에 대해 생각해봅시다.

(학생들이 발에 대해 생각할 수 있는 시간을 충분히 줍니다.)

교사: 발은 우리 몸을 지탱해주는 중요한 부분이에요. 우리가 걷거나 뛸 때 발이 많은 일을 하죠. 여러분의 발은 어떤 모양인가요? 이제 우리 모두 자신의 발을 잘 살펴봅시다. 발을 보고 어떤 모양인지, 발가락은 어떻게 생겼는지, 발바닥은 어떤지 천천히 살펴보세요. 왼발, 오른발 중 하나만 선택해서 그릴 거예요. 발을 그리기 전에 발의 특징을 잘 관찰하고 기억합시다.

(학생들이 자신의 발을 잘 관찰할 수 있게 교사가 유도합니다. 이후 학생들이 그림을 그릴 준비를 시킵니다.)

교사: 발의 모양을 그릴 때는 발톱도 있고, 발바닥도 있고, 발목도 있어요. 발가락 하나하나도 다 다르게 생겼죠? 자신의 발을 잘 살펴보았나요?

학생들: 네.

교사: 그럼, 이제 여러분의 발을 그려보세요. 크기나 모양을 자세히 그리고, 발가락이 어떻게 생겼는지, 발바닥은 어떤지 기억하며 기억이 잘 안 나면 자신의 발을 보면서 그려봅시다. 그리고 발을 그리면서 '내 발이 이렇게 생겼구나!'라고 생각해 보세요.

(학생들에게 그림을 그릴 시간을 충분히 제공합니다.)

교사: 여러분, 자신의 발을 다 그렸나요?

학생들: 네.

교사: 발을 그려보니 어떤 기분이 드나요? 우리가 매일 사용하는 발이 이렇게 중요한 역할을 한다는 걸 느꼈나요?

(개별적으로 발표를 진행하거나 전체 학생들에게 질문하고 대답을 유도해도 됩니다.)

교사: 모두 대답을 참 잘했어요. 오늘 그린 발을 잘 보관하고, 자신의 소중한 발에 대해 감사하는 마음을 가집시다.

아이디어 내기   소중한 발

◆ 수업 계획: 15분

교사: 여러분, 〈소중한 발〉이라는 동요를 들어본 적 있나요? 이제 우리 함께 그 노래를 들어 보고 발이 왜 중요한지 생각해봅시다.

〈소중한 발〉 동요

링크 주소: https://www.youtube.com/watch?v=YoVAA_DAa7Q 를 학생들이 잘 들을 수 있도록 교사가 유도합니다.

교사: 동요를 잘 들었나요?

학생들: 네.

교사: 동요를 듣고 나니, 발이 얼마나 중요한지 알겠죠? 이제 발이 왜 중요한지 여러분과 함께 이야기해보려고 해요. 우리 교재 67쪽을 함께 볼까요? 발이 왜 중요할까요?라는 질문이 있지 요? 이 질문에 누가 대답해봅시다.

학생들: (교사가 학생들이 능동적으로 손을 들 수 있도록 유도합니다.)

학생: (교사가 지목한 학생) 대답한다.

(전체 학생들에게 질문하고 대답을 들어도 됩니다.)

교사: 네. 아주 잘 대답했어요. 발은 우리가 걸을 때, 뛰어다닐 때, 앉았다 일어날 때 모두 필 요해요. 발이 없으면 우리는 걸을 수 없겠죠? 그러니까 발은 정말 소중한 거예요.

교사: 그럼 이제 동요에 나왔던 내용을 바탕으로 발가락과 우리 몸의 다른 부분들이 어떻게 연결되는지 알아볼까요? 교재 67쪽을 보고 짝꿍과 이야기하면서 연결해봅시다.

(학생들에게 다시 동요를 들려주고 답을 찾을 수 있게 해주어도 됩니다.)

(교사가 짝꿍과 상의하면서 답을 찾는 학생들을 보면서 도와줍니다. 학생들이 짝꿍과 서로 얘기하면서 답을 찾을 수 있게 충분한 시간을 줍니다. 학생들의 활동이 다 끝나면 교사가 칠판에 표(67쪽 참고)를 그려 보여 줍니다)

교사: 여러분, 이 표에서 각 발가락이 어떤 기관과 연결되는지 알아봅시다. 엄지발가락은 어디와 연결되어 있을까요?

학생들: 머리요.

교사: 맞아요! 우리가 머리를 쓰며 생각하거나 집중할 때, 발이 도와주는 거예요. 엄지발가락이 머리와 연결된다고 생각해 보면, 발을 움직일 때 머리가 더 잘 움직인다고 생각할 수 있겠죠?"

학생들: 대답한다.

교사: 다음은 둘째와 셋째 발가락은 어디와 연결되었을까요?

학생들: 눈이요.

교사: 맞아요! 동요에서 둘째와 셋째 발가락은 우리 눈과 연결되었다고 했어요. 마지막으로 넷째와 막내 발가락은 어디와 연결되었을까요?

학생들: 귀요.

교사: 아주 잘했어요. 넷째와 막내 발가락은 귀와 연결되었다고 했어요. 발이 잘 움직여야 우리가 균형을 잘 잡을 수 있고, 귀도 건강하게 도와주나 봅니다.

교사: 여러분, 오늘 발의 중요성과 발가락과 몸의 기관들이 어떻게 연결되는지 알아보았어요. 발이 얼마나 중요한지 알게 되었나요?

학생들: 네.

교사: 앞으로 발을 소중히 여기고, 잘 쓰는 습관을 가지세요. 몸의 다른 부분들과 함께 협력해서 우리가 잘 움직일 수 있도록 발도 잘 돌봐야 해요. 이제 우리가 배운 발의 중요성을 기억하면서 자신의 발을 소중하게 생각합시다.

다. 수업 정리

감사하기

◆ 감사 나누기(10분)

교사: 우리는 오늘 '나의 발을 그려 보아요'와 '소중한 발' 활동을 했어요. 이제는 지난 시간에 했던 것처럼 이런 활동을 통해 감사함을 찾는 "나는 무엇을 해서 고마워?" 활동 시간입니다. 여러분, '나는 무엇을 해서 고마워'라고 생각해 봐요. 이제 각자 '나는 무엇을 해서 고마워'라는 문장을 생각해 보면서, 그 이유를 적어보세요. 작성한 후 지난 시간처럼 한 명씩 얘기해봅시다.

(학생들이 감사한 마음을 적어볼 시간을 주고, 한 명씩 얘기할 수 있도록 수업을 진행해주세요.)

교사: 이렇게 우리가 서로 감사하는 마음을 찾고 표현하는 건 정말 중요한 일이에요. 우리 모두 서로 고마운 마음을 잘 나누어 보아요. 오늘 수업 열심히 잘한 우리 모두에게 큰 박수를 보냅니다.

(학생들이 스스로 박수를 칠 수 있도록 유도하면서 수업을 마친다)

교사: (마지막 인사) "그럼 모두 내일 또 만나요. 안녕~!"

4. 촉진 전략

가. 지지적이고 포용적인 학습 환경 만들기

1) 모든 학생들이 자신의 발을 존중하는 환경을 만들어 주세요. 발에 대한 부정적인 생각을 피하고, 긍정적인 태도를 강조합니다.

2) 학생들이 각자 느낀 점을 자유롭게 나눌 수 있도록 격려합니다.

나. 그룹 토론 및 활동 관리

활동을 마친 후 학생들이 서로의 발 그림과 감사 카드를 공유하며 의견을 나누도록 합니다. 이때 학생들이 서로 다르다는 것을 인정하고, 그 다름이 얼마나 중요한지 설명해 주세요.

다. 민감한 주제 다루기

발에 대해 부끄러워하거나, 외모에 민감한 학생들에게는 부드럽게 다가가며 서로의 발을 비교하거나 부정적인 표현을 피하도록 지도합니다. 모든 발은 각자 다르고, 그 자체로 소중하다는 점을 강조합니다.

5. 추가 자료

〈소중한 발〉과 주제가 유사한 동요, 동화, 활동을 초등학교 1, 2학년용으로 소개해 드릴게요. 이 주제는 주로 몸의 소중함, 자기 관리, 건강한 습관에 관련된 것들이 많기 때문에, 학생들에게 몸의 소중함을 알려주고 배울 수 있는 자료들입니다.

가. 추천 동요나 동화

1) 동요

〈내 몸은 소중해〉

- 주제: 몸의 각 부분이 소중하고 건강하게 유지해야 한다는 내용
- 가사 예시: "내 몸은 소중해, 머리부터 발끝까지, 다 같이 돌보아요, 건강한 몸 만들어요."
- 활용법: 동요를 부르며 학생들에게 몸의 각 부위와 그 중요성을 함께 설명할 수 있습니다.

〈아기 염소〉

- 주제: 발의 움직임과 몸의 소중함
- 가사 예시: "아기 염소 뛰어가요, 귀여운 발로 뛰어요."
- 활용법: 발을 건강하게 돌보는 방법을 학생들에게 알려줄 수 있습니다.

2) 동화

〈소중한 발〉

- 주제: 발의 중요성에 대한 이야기
- 줄거리: 주인공이 발의 소중함을 깨닫고, 일상 속에서 발을 아끼고 건강하게 돌보는 방법을 배우는 이야기.

– 활용법: 동화를 읽고 발의 중요성에 대해 학생들과 이야기를 나누고, 발을 아끼는 다양한 방법에 대해 학습합니다.

〈나의 작은 발〉

– 주제: 몸의 작은 부분도 중요하다는 메시지

– 줄거리: 작은 동물이 자신이 가진 작은 발로 여러 가지 일을 하면서 자기 몸의 가치를 깨닫는 이야기.

– 활용법: 이야기 후 발과 몸의 소중함을 다루는 토론을 할 수 있습니다.

나. 활동

1) "발 건강 체크리스트" 만들기

– 목표: 학생들이 발 건강을 점검하고, 소중히 여길 수 있도록 돕는 활동

– 활동:

- 학생들에게 "매일 운동하기", "편안한 신발 신기", "발 씻기" 등의 발 건강 습관에 대해 이야기하고 체크리스트를 작성하게 합니다.
- 각 항목에 대해 실천해본 후, 자신의 발 건강을 돌아보고 다른 친구들과 의견을 나누는 시간을 갖습니다.

2) "발로 그림 그리기"

– 활동:

- 학생들에게 발을 사용하여 그림을 그려보도록 합니다. 예를 들어, 발끝에 물감을 묻혀 종이에 찍어보는 방법입니다.
- 그 후, 그림을 통해 발의 소중함에 대해 이야기하고, 몸의 다른 부위와 함께 중요한 점을 알려줍니다.

3) "발로 걷기 대회"

– 목표: 발의 중요성과 활동을 통해 발을 아끼는 방법을 배움

– 활동:

- 학생들에게 발을 사용하여 걷기 대회를 열고, 발의 건강을 유지하는 방법에 대해 이야기 합니다.
- 걷기 전, 후에 발을 돌보는 방법(발 씻기, 스트레칭 등)을 소개하고 실천해봅니다.
- 이 활동들은 학생들에게 발을 비롯한 몸의 여러 부분에 대해 소중함을 인식시킬 수 있으 며, 동시에 재미있는 방식으로 건강한 습관을 배우게 도와줄 수 있습니다.

6. 교사 노트

가. 교실에 맞게 조정하기

1) 수업을 진행하면서 학생들이 편안하게 자신의 발을 표현할 수 있도록 분위기를 만들어 주 세요.

2) 학급의 분위기나 학생들의 정서적 상태에 맞춰 활동의 난이도를 조절합니다.

나. 문화적 가치 통합

다양한 문화에서 발에 대한 상징적인 의미나 중요성에 대해 간단히 언급할 수 있습니다. 예 를 들어, 일부 문화에서는 발을 매우 존중하는 태도가 강조되는 점을 학생들에게 알려줄 수 있습니다.

다. 수업을 개인화하기

1) 교사 개개인의 독특한 스타일에 맞게 수업을 더욱 풍성하게 만들 수 있습니다. 예를 들어, 자 신만의 동요를 만들어 부르거나, 발에 대한 이야기를 학생들이 직접 만들어 볼 수 있습니다.

2) 이 수업 계획은 발에 대한 긍정적인 인식을 심어주고, 학생들이 몸과 발을 소중하게 여길 수 있도록 돕기 위한 활동으로 구성되었습니다.

1. 목표와 목적

가. 교육 목표

1) 자기 인식 개발

학생들이 자신의 감각을 인식하고, 자신의 몸과 마음에 대해 긍정적으로 느끼게 합니다.

2) 공감 촉진

다른 사람의 감정을 이해하고 표현하는 능력을 키웁니다.

3) 긍정적인 자기 표현 촉진

자신의 생각과 감정을 긍정적이고 명확하게 표현하도록 유도합니다.

나. 발달적 연관성

가 활동은 1학년, 2학년 학생들의 정서적, 사회적 발달 요구에 부합합니다. 이 나이대는 감각을 통해 세상을 배우고, 자기 인식과 공감을 학습하는 중요한 시기입니다.

다. 정서적 발달

학생들이 자신의 감정을 더 잘 이해하고 표현할 수 있도록 돕습니다.

라. 사회적 발달

공감 능력과 타인에 대한 존중을 배울 수 있습니다.

2. 수업 구성

가. 학습 성과

1) 학생들은 오감을 통해 감사하는 마음을 표현하는 활동에 참여하며, 자신의 감정을 알아차리고 공감하는 능력을 키웁니다.

2) 학생들은 다양한 오감 활동을 통해 다른 사람들과 긍정적인 상호작용을 할 수 있습니다.

나. 제안 시간

1) 마음 열기: 10분

2) 고르기: 20분

3) 감사하기: 10분

다. 준비물

1) 눈을 가릴 수 있는 안대

2) 다양한 향을 맡을 수 있는 향기 (예: 꽃 향기, 과일 향기 등)

3) 소리 나는 장난감이나 악기

4) 미술용품 (크레파스, 종이, 색연필 등)

5) 고마운 마음을 표현할 수 있는 카드 준비

라. 수업 준비 팁

1) 교사는 수업 전에 오감 놀이에 필요한 재료를 미리 준비해 두세요.

2) 활동을 시작하기 전에 학생들이 편안하게 활동할 수 있도록 교실 환경을 정리합니다.

3) 학생들이 주의 깊게 참여할 수 있도록, 소리나 향기 등의 자극을 천천히 제공하세요.

3. 활동 지침

가. 수업 목표

1) 학생들이 오감을 통해 자신의 몸에 대해 고마움을 느끼고, 감사의 마음을 표현할 수 있습니다.

2) 동화 속에서 나온 눈, 코, 입의 고마움을 이야기하며 각 감각 기관의 중요성을 이해합니다.

3) 오감 놀이를 통해 시각과 촉각을 집중하며 고마운 마음을 전달하는 경험을 합니다.

4) 소리와 촉감을 통해 감각을 키우고, 친구와의 소통을 즐겁게 합니다.

나. 수업 전개

마음 열기　　고마운 눈코입

◆ **수업 계획**: 10분

교사: 여러분, 우리가 매일 사용하는 눈, 코, 입에 대해 얼마나 고마운지 생각해본 적 있나요?
오늘은 이 세 가지 감각 기관이 얼마나 소중한지, 어떻게 고마운지 함께 이야기해 볼 거예요!

(학생들에게 질문: "우리 몸의 눈, 코, 입이 어떤 역할을 하는지 알고 있나요?")

학생들: 대답한다.

교사: (학생들의 대답을 잘 듣고) 우리 몸의 눈, 코, 입의 역할을 잘 아는 친구들도 있고, 생각을
안 해본 친구들도 있는 것 같아요. 자, 그럼 우리 '고마운 눈, 코, 입'이라는 동화를 함께 읽어
볼까요? 이 이야기를 통해 우리는 각 감각 기관이 왜 고마운지 생각해봅시다. 알았죠?

학생들: 대답한다.

(동화 내용에 맞게 교사가 읽어주어도 되고, 영상매체를 보여줘도 됩니다.

링크 주소 : https://www.youtube.com/watch?v=aLcUVQ8Fd78)

교사: 여러분, 동화를 잘 읽었나요?

교사: 그럼, 지금부터 교재 69쪽을 보면서 짝꿍과 얘기해봅시다. 서로 충분히 얘기하고 답을
적으면 돼요. 알았죠?

학생들: 대답한다.

(학생들이 충분히 상의하고 대답할 수 있는 시간을 줍니다. 학생들이 정답을 어려워하면 동화를 다시 들려줘도 됩니다.)

(학생들이 답을 다 적은 것을 확인합니다.)

교사: 모든 학생이 답을 다 적었으니 우리 함께 적은 답을 이야기해볼까요? 우선, 첫 번째로, '눈'의 고마움에 대해 이야기해봅시다.

(전체 학생들에게 질문해도 되고, 적극적으로 손을 든 학생에게 발표시켜도 됩니다.)

학생들: 아침에 일어나서 곰돌이 인형을 보고, 엄마 아빠를 보았어요.

교사: 아주 잘 대답했어요. 〈소중한 눈코입〉 동화에서 소중한 눈으로 아침에 일어나서 곰돌이 인형을 보고, 엄마 아빠를 보았다고 했어요.

교사: 그럼, 두 번째로, '귀'의 고마움에 대해 이야기해볼까요?

(전체 학생들에게 질문해도 되고, 적극적으로 손을 든 학생에게 발표시켜도 됩니다.)

학생: 참새의 노래 소리를 듣고, 엄마의 밥 차리는 소리를 들었어요.

교사: 아주 잘 대답했어요. 모두 잘 적었지요?

교사: 마지막으로, '입'의 고마움에 대해 이야기해볼까요?

(전체 학생들에게 질문해도 되고, 적극적으로 손을 든 학생에게 발표시켜도 됩니다.)

학생: 엄마의 맛있는 음식을 먹을 수 있어요. '엄마, 아빠 사랑해요'라는 말을 했어요.

교사: 아주 잘했어요. 여러분 모두 정말 잘했어요. 우리는 〈소중한 눈코입〉 동화를 통해 우리의 눈, 귀, 코, 입이 얼마나 고마운지 알았어요. 우리 몸은 각 부분이 다 소중하고, 고마운 일이 많아요. 오늘 배운 대로 우리 몸의 감각 기관에 감사하는 마음을 가지면 좋겠어요.

고르기   눈을 감고, 귀를 활짝 열어요

◆ **수업 계획:** 20분

교사: 지금부터 친구에게 고마운 마음을 어떻게 전할 수 있을지 배워보는 시간을 가질 거예요. 고마운 마음을 전하는 방법에는 여러 가지가 있지만, 우리는 오늘 특별한 오감 놀이를 해볼 거예요!

(오감 놀이를 소개합니다.)

교사: 오감 놀이란, 우리가 가진 감각을 이용해서 서로 소통하는 놀이예요. 우리 교재 70쪽을 봅시다. 70쪽의 규칙을 함께 읽어볼까요?

(학생들이 규칙을 큰소리로 읽을 수 있도록 유도합니다.)

학생들: 함께 큰소리로 읽는다.

교사: 우리는 '고마운 마음을 전하는 놀이'를 통해, 눈은 감고, 귀와 촉각에 집중해서 친구에게 고마움을 전해볼 거예요.

교사: 먼저, 눈을 꼭 감고, 고마운 마음을 전할 친구를 한 명 마음속으로 생각해 보세요. 그리고 선생님이 두 명의 친구 어깨에 손을 얹을 거예요. 그때, 선생님이 어깨에 손을 얹을 때 소리와 촉감을 잘 느껴보세요. 선생님이 어깨에 손을 얹은 후에는, 그 친구가 고마운 마음을 느끼게 되어, 고마운 친구에게 다가가서 어깨에 손을 얹고 고마운 마음을 전달할 거예요. 이제 모두 알았지요?

지금부터 시작합시다. 우리 모두 눈을 꼭 감아요.

(학생들이 모두 눈을 꼭 감은 것을 확인한 교사가 두 명의 학생에게 어깨에 손을 가만히 얹습니다. 교사가 두 손을 얹은 학생들은 각각 고마운 친구에게 손을 얹습니다. 이런 활동이 조용히 잘 진행될 수 있도록 교사는 잘 관찰합니다. 그리고 혹시 친구들에게 지목을 받지 못한 학생이 있다면 교사가 조용히 그 학생의 어깨에 두 손을 얹습니다.)

교사: 학생들이 집중할 수 있도록 도와주며, 고요한 분위기를 유지합니다. 그리고 소외 받는

학생이 없도록 잘 관찰하여 예방합시다.

교사: (학생들이 충분히 친구들에게 고마움을 표시했다고 판단한 후에) 이번 활동을 통해 여러분은 어떤 느낌을 받았나요? 교재 71쪽을 보면서 짝꿍과 함께 이야기해보세요.

(학생들이 짝꿍과 잘 얘기할 수 있도록 지도해줍니다.)

(학생들의 활동이 다 끝나면 발표를 진행합니다.

교사: 눈을 감고 소리에 집중해보니 어떤 느낌이었나요?

(전체 학생에게 질문하거나 몇 명의 학생들을 발표시킵니다.)

교사: 네. 모두 잘 대답했어요. 그럼 두 번째 질문인 친구가 나의 어깨에 두 손을 얹었을 때 어떤 기분이었나요?

(전체 학생에게 질문하거나 몇 명의 학생들을 발표시킵니다.)

교사: 네. 모두 아주 잘 대답했어요. 우리가 입 닫고 눈을 감으면서 소리에 집중하니까 다른 느낌이 들었어요. 이처럼 자신의 말만 하지 말고, 다른 사람의 말에 귀 기울여야 합니다. 그리고 눈으로 보는 것만 믿지 말고 우리가 가진 감각을 잘 활용하면 더 풍부한 것을 느낄 수 있습니다. 알았죠?

학생들: 네.

다. 수업 정리

감사하기

◆ **감사 나누기**(10분)

교사: 우리는 오늘 '고마운 눈, 코, 입'와 '눈을 감고, 귀를 활짝 열어요' 활동을 했어요. 이제는 지난 시간에 했던 것처럼 이런 활동을 통해 감사함을 찾는 "나는 무엇을 해서 고마워?" 활동 시간입니다. 여러분, '나는 무엇을 해서 고마워'라고 생각해 봐요. 이제 각자 '나는 무엇을 해서 고마워'라는 문장을 생각해 보면서, 그 이유를 적어보세요. 작성한 후 지난 시간처럼 한 명씩 얘기해봅시다.

(학생들이 감사한 마음을 적어볼 시간을 주고, 한 명씩 얘기할 수 있도록 수업을 진행해주세요.)

교사: 이렇게 우리가 서로 감사하는 마음을 찾고 표현하는 건 정말 중요한 일이에요. 우리 모두 서로 고마운 마음을 잘 나누어 보아요. 오늘 수업 열심히 잘한 우리 모두에게 큰 박수를 보냅니다.

(학생들이 스스로 박수를 칠 수 있도록 유도하면서 수업을 마친다)

교사: (마지막 인사) "그럼 모두 내일 또 만나요. 안녕~!"

4. 촉진 전략

가. 지지적이고 포용적인 학습 환경 조성

1) 학생들이 자신의 감각과 감정을 자유롭게 표현할 수 있도록 격려합니다.

2) 학생들이 서로의 의견을 존중하도록 지도하고, 의견을 나누는 동안 편안하고 안전한 분위기를 유지합니다.

나. 그룹 토론 및 활동 관리

1) "이 향기를 맡고 무엇을 느꼈나요?"와 같은 개방형 질문을 통해 학생들의 참여를 유도합니다.

2) 각 학생이 자신의 감정을 표현할 수 있도록 시간과 기회를 충분히 줍니다.

다. 민감한 주제 다루기

1) 감정이나 공감에 대해 이야기할 때, 민감할 수 있는 주제를 신중하게 다룹니다.

2) 학생들이 감정을 표현하는 데 있어 불편함을 느끼지 않도록 배려합니다.

5. 추가 자료

〈소중한 눈코입〉 주제와 유사한 동요, 동화, 활동을 초등학교 1, 2학년 수준에 맞춰 소개해드릴게요. 이 주제는 주로 신체 부위의 소중함과 관련된 내용을 다룹니다. 아래는 이를 토대로 한 동요, 동화, 활동들입니다.

가. 추천 동요나 동화

1) 동요

〈눈, 코, 입〉

가 동요는 '눈, 코, 입'과 같은 신체 부위의 소중함을 재미있게 다루고 있습니다. 가사와 음악이 간단하여 어린이들이 쉽게 따라 부를 수 있습니다.

〈내 몸의 모든 것〉

가 동요는 몸의 여러 부분이 어떻게 협력하여 활동하는지 설명하며, 몸의 소중함을 강조합니다. 노래와 함께 신체 부위를 소개하는 활동을 할 수 있습니다.

2) 동화

〈눈을 깜빡이는 방법〉

가 이야기는 눈의 소중함과 눈을 보호하는 방법에 대해 이야기합니다. 아이들에게 눈을 깜빡이는 이유와 눈을 보호하는 방법을 가르칠 수 있습니다.

〈코와 입의 모험〉

코와 입이 주인공이 되어, 각자 맡은 역할을 설명하며 중요한 신체 부위를 다루는 동화입니다. 이 동화는 유머러스하고 교육적이어서 어린이들이 흥미롭게 배울 수 있습니다.

나. 활동

1) 몸의 부위 그림 그리기

학생들이 종이에 자신을 그린 후, 각 신체 부위에 이름을 붙이는 활동을 할 수 있습니다. 예를 들어, 눈, 코, 입, 손, 발 등을 그리고, 그 부위들이 어떤 역할을 하는지 간단히 설명하는 시간을 가질 수 있습니다.

2) 눈, 코, 입 퀴즈

교사가 몸의 각 부위에 대해 질문을 던지고, 학생들이 답하는 퀴즈 형식으로 진행하는 활동입니다. 예를 들어 "눈은 무엇을 하는 부위인가요?" 혹은 "코는 어떤 역할을 할까요?"와 같은 질문을 통해 신체 부위의 역할을 배우게 합니다.

3) 내 몸의 소중함 이야기

각자 자신의 신체 부위 중 소중한 부분에 대해 이야기하는 활동입니다. "내가 생각하는 가장 소중한 부위는 무엇인가요?"라는 주제로 친구들과 공유하면서, 몸에 대한 감사와 존중의 마음을 기를 수 있습니다.

위 활동들을 통해 어린이들은 신체의 소중함을 재미있고 의미 있게 배울 수 있습니다.

6. 교사 노트

7가. 수업 내용 조정

각 학생의 발달 수준에 맞게 활동을 조정합니다. 예를 들어, 특정 감각에 대해 더 많은 시간을 할애하거나 다른 감각을 강조할 수 있습니다.

나. 문화적 7차 통합

학생들의 지역 사회와 관련된 감각 경험이나 문화를 나누어, 감사의 의미를 더욱 풍성하게 만듭니다.

다. 교사의 교육 스타일 반영

학생들의 개별적인 성향이나 학습 스타일에 맞춰 수업을 유연하게 진행하세요. 예를 들어, 시각적 자료를 선호하는 학생을 위해 더 많은 그림 자료를 활용할 수 있습니다.

이 수업 계획은 1학년과 2학년 학생들이 오감을 통해 자신과 타인을 이해하고, 감사의 마음을 표현하는 데 중점을 두었습니다. 교사와 학생들이 함께 참여하고 즐길 수 있는 활동이 될 것입니다.

마음이 소중해요

3-2-❶ 하고 싶은 마음

1. 목표와 목적

가. 교육 목표

1) 자기 인식 개발

학생들이 자신이 하고 싶은 일을 그림과 말로 표현하면서 자기 내면을 탐구하고, 자신을 스스로 이해하는 능력을 기를 수 있도록 합니다.

2) 공감 촉진

친구들과 자신이 좋아하는 것과 하고 싶은 일을 공유하며 서로의 생각을 존중하고 공감하는 태도를 키웁니다.

3) 긍정적인 자기표현 촉진

자신의 마음속 소리를 듣고 이를 긍정적으로 표현하여 자기 존중감을 향상시킵니다.

나. 교육 목적(발달적 연관성)

1) 정서적 발달

자신의 감정과 소망을 시각적으로 표현하고 말로 풀어냄으로써 정서적 안정과 자기 이해를 도모합니다.

2) 사회적 발달

친구들과의 활동을 통해 상호작용 능력을 키우고, 타인의 생각과 감정을 존중하는 법을 배웁니다.

2. 수업 구성

가. 학습 성과

1) 학생들은 자신이 하고 싶은 일과 좋아하는 것을 그림으로 그리고, 이를 친구들에게 소개하여 자신을 긍정적으로 표현할 수 있습니다.

2) 학생들은 자신의 마음속 소리를 듣고, 이를 글과 말로 표현하며 자신을 이해하는 방법을 배웁니다.

나. 제안 시간

1) '마음 열기' 단계: 15분

2) '찾아내기' 단계: 15분

3) '감사하기' 단계: 10분

다. 준비물

1) 운동, 취미활동, 친구와 놀기, 음악 분야 등 다양한 활동을 나타낸 그림 자료

2) A4 용지, 색연필, 크레파스

3) 마이크 또는 발표용 도구

라. 수업 준비 팁

1) 학생들의 관심사를 반영한 그림 자료를 미리 준비합니다.

2) 충분한 미술 도구를 학생 수에 맞춰 준비하고, 일부 여분도 마련합니다.

3) 수업 전 간단한 아이스브레이킹 질문을 통해 학생들의 흥미를 유도합니다

(예: "여러분, 가장 좋아하는 놀이가 무엇인가요?").

3. 활동 지침

가. 수업 목표 제시

1) 학생들이 자신이 좋아하는 것을 그림과 말로 표현하여 자신을 이해하는 데 도움을 줍니다.

2) 학생들이 자신의 마음의 소리를 듣고 이를 글과 말로 구체화하여 내면을 탐구할 수 있도

록 합니다.

3) 긍정적인 자기표현을 통해 자신과 친구들에게 감사하는 태도를 키웁니다.

나. 수업 전개

마음 열기   내가 하고 싶은 일 그림 그리기

◆ 수업 계획: 15분

교사: 여러분, 하고 싶은 일이 정말 많을 거예요. 우리가 좋아하는 활동을 떠올려 보고, 그림으로 표현해 보아요. 운동, 취미, 놀이, 음악 등의 다양한 활동이 담긴 그림 자료를 보여준다.

교사: (학생들에게 그림 자료를 보여 주며) 이 중에서 어떤 활동이 제일 좋나요? 여러분이 고른 것을 짝꿍과 함께, 또는 팀에서 같이 이야기해봅시다.

교사:

– 학생들에게 A4 용지와 색연필, 크레파스를 나눠준다.

– 자신이 선택한 활동을 그림으로 표현하게 한다.

– 교사가 개별적으로 다가가 격려와 질문을 통해 참여를 독려한다.

교사: 내가 그린 그림을 친구들에게 보여 주며 간단히 소개해보세요. 발표가 어려운 학생에게는 교사가 질문을 통해 도움을 준다.

(예: "이 활동은 왜 하고 싶어요?")

찾아내기   내 마음의 소리를 들어요!

◆수업 계획: 15분

〈마음 소리 탐구〉

교사: 우리 마음속에는 하고 싶은 일과 소망들이 가득해요. 한 번 내 마음의 소리에 귀를 기울여 봐요.

교사: 내 마음은 뭐라고 말하고 있을까요? 예를 들어서 선생님은 이렇게 말할 수 있어요. "나는 축구를 하고 싶어!" "나는 노래를 배우고 싶어!"

〈마음 소리 대화하기〉

교사: 여러분이 적은 마음의 소리와 대화하는 시간을 가져볼게요. 다 적었죠? 학생들이 적어 본 마음의 소리를 돌아가며 짧게 발표하게 한다.

교사: 선생님이 나의 마음의 소리를 듣고 이렇게 말해줘요. "내 마음의 소리가 이렇게 말하니, 나는 정말 고마워!", "네가 하고 싶은 일이 생기면 언제든 나에게 알려줘!" 교사가 학생의 표현을 듣고 긍정적으로 피드백한다(예: "너의 마음이 참 멋지다!").학생들이 자신의 마음의 소리와 약속을 적는다.

예: "나는 내 마음의 말을 따라 축구를 더 열심히 할 거야!" 친구들과 짝을 지어 약속을 발표하거나, 소감을 나눈다.

다. 수업 정리

감사하기

◆ 감사 나누기(10분)

교사:

- 교사가 칠판에 "나는 ___ 해서 고마워요!"라는 문장을 적는다.

- 학생들이 스스로 감사할 점을 채우고 발표한다.

예: "나는 친구를 도와줘서 고마워요!"

4. 촉진 전략

가. 지지적이고 포용적인 학습 환경 조성

학생들이 자신을 표현할 때 실수를 두려워하지 않도록 격려의 말을 자주 사용합니다.

나. 그룹 토론 및 활동 관리

학생들이 자신의 그림과 마음의 소리를 발표할 때 모든 친구가 집중할 수 있도록 환경을 조성합니다.

다. 민감한 주제 다루기

학생들이 자신의 감정이나 소망을 표현하는 데 어려움을 느끼면, 교사가 먼저 간단한 예시를 제공하여 참여를 유도합니다.

5. 추가 자료

가. 추천 동요나 동화

1) 동요

〈작은 별〉

동요로 안정감을 제공하며 참여를 유도합니다. 친숙하고 긍정적인 가사로 학생들이 쉽게 따라 부를 수 있습니다.

〈우리는 친구〉

친구와 함께하는 즐거움을 강조합니다.

〈숲속을 걸어요〉

자연과 연결하며 마음을 여는 데 도움을 줍니다

2) 동화

〈강아지 똥〉

작은 것의 소중함과 자기 발견의 이야기이고, 자신의 가치를 발견하는 데 도움을 줍니다.

〈토끼와 거북이〉

자기 목표 설정과 꾸준함을 강조합니다.

〈나는 내가 좋아요〉

자기 자신을 긍정적으로 바라보는 이야기입니다.

나. 활동

1) 마음 소리 카드

학생들이 각자 마음을 시각화하여 표현하도록 도와주는 카드

2) 감정 일기

자신의 감정을 기록하고 나눌 수 있는 활동지입니다.

3) 내 꿈나무 만들기

목표를 나무 형태로 시각화하는 창의 활동입니다.

6. 교사 노트

가. 수업 조정

학생들의 수준에 따라 활동 시간을 늘리거나 줄이고, 어려운 표현은 교사가 직접 설명합니다.

나. 문화적 가치 통합

1) 학생 지역사회의 전통과 관습에 맞는 예시를 추가하여 공감대를 형성합니다.

2) 다문화적 시각을 반영하여 학생들이 다양한 문화적 배경을 존중하도록 돕습니다.

다. 개인화된 수업

1) 각 교사는 자신만의 스타일로 활동을 변형하여 학생들의 참여도를 높입니다.

2) 학생 개개인의 강점과 관심사를 반영하여 수업 내용을 구성하고 진행합니다.

라. 교사를 위한 확장 질문

1) 내가 가장 하고 싶은 활동이나 좋아하는 일은 무엇인가요? 그것을 할 때 나의 기분이나 마음은 어떻게 변하나요?

2) 내 마음의 소리를 들었을 때 어떤 생각이 떠올랐나요? 그 소리에게 어떤 말을 해 주고 싶나요?

3) 내가 하고 싶은 일을 하면서 친구나 가족에게 어떤 도움이나 기쁨을 줄 수 있을까요?

3-2-❷ 느끼는 마음

1. 목표와 목적

가. 교육 목표

1) 자기 인식 개발

학생들이 자신이 자랑스럽게 느꼈던 경험이나 어려웠던 순간을 떠올리고, 이를 글과 그림으로 표현하며 자기 자신을 이해하고 탐구할 수 있도록 돕습니다.

2) 공감 촉진

학생들이 친구들과 자기 경험을 공유하며 서로의 이야기를 경청하고 공감할 수 있는 태도를 기릅니다.

3) 긍정적인 자기표현 촉진

학생들이 자신의 감정과 생각을 표현하며 스스로와 친구들에게 감사하는 마음을 전하는 연습을 통해 긍정적인 자기표현 능력을 강화합니다.

나. 교육 목적(발달적 연관성)

1) 정서적 발달

자신의 감정을 이해하고 이를 표현함으로써 정서적 안정과 자기 이해 능력을 키웁니다.

2) 사회적 발달

친구들과 경험과 생각을 공유하는 활동을 통해 상호작용 능력을 배우고 타인의 감정을 존중하는 법을 익힙니다.

2. 수업 구성

가. 학습 성과

1) 자랑스러웠던 경험과 그로 인해 느꼈던 감정을 자신 있게 표현합니다.

2) 어려웠던 순간을 반추하며 그 이유를 분석합니다.

3) 비슷한 상황이 다시 생겼을 때의 대처 방법을 구체적으로 제시합니다.

나. 제안 시간

1) '마음 열기' 단계: 15분

2) '떠올리기' 단계: 15분

3) '감사하기' 단계: 10분

다. 준비물

1) A4 용지, 색연필, 크레파스

2) 간단한 상황 그림 자료 (예: 친구를 도운 장면, 가족과 협력한 장면)

3) 스티커(칭찬용)

라. 수업 준비 팁

1) 상황 그림 자료를 준비해 학생들이 자랑스러웠던 순간을 떠올릴 수 있도록 유도한다.

2) 발표가 어려운 학생을 배려하여 짝 활동을 준비한다.

3) 자랑스러운 행동과 관련된 간단한 이야기 예시를 미리 준비한다.

4) 민감한 순간을 공유할 때 주의 깊게 경청하고 긍정적으로 피드백한다.

3. 활동 지침

가. 수업 목표

1) 학생들이 자신이 자랑스러웠던 경험을 떠올리고, 이를 글이나 그림으로 표현함으로써 자기 이해와 성찰 능력을 키웁니다.

2) 자기 경험을 친구들과 공유하며, 공감과 경청의 태도를 배웁니다.

3) 학생들이 자기 행동과 감정을 분석하며, 과거 경험을 성찰하는 능력을 기릅니다.

4) 학생들이 다양한 역할을 탐구하며 자신이 선호하는 역할을 선택하고, 선택의 이유를 논리적으로 표현할 수 있습니다.

나. 수업 전개

마음 열기   내개 했던 자랑스러운 일

◆ 수업 계획: 15분

•마음 열기: 내가 했던 자랑스러운 일 떠올리기 (15분)

•활동 소개 (5분)

•교사가 간단한 상황 그림(예: 친구를 도운 장면)을 보여준다.

교사: 우리가 모두 자랑스러웠던 순간이 있어요. 여러분이 자랑스러웠던 일을 생각해 보고 친구들과 나누어 볼까요?

(교사는 자신의 경험을 간략하게 먼저 이야기한다.)

교사: 저는 친구가 넘어졌을 때 손을 잡아줬는데, 정말 기분이 좋았어요.

•개인 활동 (5분)

교사: A4 용지를 나눠주고, 학생들에게 "내가 자랑스러웠던 일을 그림으로 그려보세요."라고 안내한다. 그림을 그리는 동안 교사는 돌아다니며 학생들을 격려하고 대화를 유도한다.

교사: 이건 어떤 일이었나요? 정말 멋지네요! 여러분의 감정을 친구들에게도 설명해 주세요.

•발표 활동 (5분)

– 학생들이 돌아가며 자신의 그림과 경험을 간단히 소개한다.

– 발표가 어려운 학생은 교사가 질문으로 도와준다.

교사: 그때 어떤 기분이 들었나요? 어떤 점이 가장 자랑스러웠나요? 발표한 학생들에게 칭찬 스티커를 나눠주며 긍정적인 피드백을 제공한다.

찾아내기   그때 내가 왜 그랬을까?

◆수업 계획: 15분

• 과거 상황 떠올리기 (10분)

교사: 여러분, 가족이나 친구와 의견이 맞지 않았던 어려운 순간을 떠올려 봅시다. 가족이나 친구와 의견이 맞지 않았던 순간이나, 힘들었던 일을 생각해볼까요? 그때 어떤 기분이 들었나요? 학생들에게 간단히 써 보거나 말로 표현하게 한다.

교사: 저는 친구랑 놀이기구 순서를 두고 싸운 적이 있어요. 그때는 정말 속상했지만, 나중에 서로 사과했어요.

• 짝 활동 (5분)

– 학생들을 짝지어 서로의 경험을 이야기하게 한다.

– 교사는 학생들이 이야기할 수 있도록 질문을 제공한다.

교사: 왜 그런 기분이 들었을까요?, 그때 그렇게 행동한 이유는 무엇인가요? 이야기 후,

교사: 같은 일이 생긴다면 어떻게 하고 싶나요? 이번에는 더욱 멋진 방법으로 해결할 수 있을 거예요. 여러분의 생각을 적고 친구들과 공유해봅시다. 라는 질문으로 마무리한다. 짝 활동이 끝난 후 각 짝에서 한 명씩 대표로 발표하게 한다.

다. 수업 정리

감사하기

◆ 감사 나누기(10분)

- 교사가 칠판에 "나는 ___ 해서 고마워요!"라는 문장을 적는다.

- 학생들이 스스로 감사할 점을 채우고 발표한다.

- 예: "나는 친구를 도와줘서 고마워요!"

4. 촉진 전략

가. 지지적이고 포용적인 학습 환경 조성

- 발표를 꺼리는 학생에게는 간단한 질문을 통해 자신감을 심어준다.

예: "OOO가 한 일은 정말 멋져요. 친구들에게도 알려주면 어떨까요?"

나. 그룹 토론 및 활동 관리

- 모든 학생의 표현에 대해 칭찬을 아끼지 않는다.

예: "정말 멋진 선택이었어요! 앞으로도 그렇게 행동하면 모두가 좋아할 거예요."

다. 민감한 주제 다루기

- 학생이 부정적인 감정을 이야기하면 교사가 이를 긍정적으로 전환할 수 있도록 도와준다.

예: "그때는 힘들었겠지만, 너의 노력 덕분에 잘 해결된 것 같아요."

5. 추가 자료

가. 추천 동요나 동화

1) 동요

〈내가 제일 잘 나가〉

어린이 버전, 긍정적인 자기 인식과 자신감을 키우는 가사가 특징. 활동 중에 부르며 자신에 대해 자랑스러운 점을 떠올리기 좋습니다.

〈우리들은 친구〉

협력과 우정을 강조하는 노래로, 친구와 경험을 나누는 활동에 활용합니다.

〈내 마음의 빛깔〉

감정 표현과 다양성을 존중하는 메시지를 담은 동요. 그림 그리기 활동과 연결하여 사용할 수 있습니다.

2) 동화

〈나도 할 수 있어!〉

자신감을 느끼고 도전하는 주인공 이야기를 통해 자기 긍정을 강화합니다.

〈아주 특별한 너에게〉

개인의 고유한 특성과 소중함을 일깨우는 이야기로, 자랑스러운 순간을 떠올리게 도와줍니다.

〈아기 돼지 삼형제〉

도전과 실패, 그리고 성취를 다룬 동화로, 자신의 선택에 대한 반성과 계획을 논의하는 데 유용합니다.

나. 활동

1) 감정 카드 만들기

다양한 감정을 그림으로 표현한 카드를 만들어, 수업 중 자신의 감정을 설명하거나 친구와 공유하는 데 활용합니다.

2) 감정 일기 쓰기

학생들이 매일 자랑스러웠던 일, 행복했던 일 등을 짧게 기록하며 자기 성찰을 돕는 활동합니다.

3) 역할극 연기

운동 경기나 이야기 속 역할을 설정하고, 짝을 지어 연기하며 상황에 따른 대화와 행동을 표현합니다.

6. 교사 노트

가. 수업 조정

1) 학생들의 학습 속도에 맞춰 활동 시간을 조정하거나 활동 난이도를 조절합니다.

2) 학생이 어려움을 느끼는 경우, 교사가 간단한 예시를 통해 도움을 줍니다.

나. 문화적 가치 통합

1) 학생들의 지역적 특성과 전통에 맞는 이야기나 활동을 추가하여 공감대를 형성합니다.

2) 다양한 배경을 가진 학생들이 자신의 이야기를 공유하도록 독려합니다.

다. 개인화된 수업

1) 교사의 교육 스타일에 맞게 활동 내용을 변형하거나 추가 예시를 활용해 창의적인 수업을 만듭니다.

라. 교사를 위한 확장 질문

1) 내가 자랑스러웠던 일을 친구에게 이야기해보세요. 그 일을 통해 느꼈던 감정은 무엇이었나요? 왜 그런 감정을 느꼈을까요?

2) 가족이나 친구와 의견이 맞지 않았던 순간이 있다면, 그때 나의 행동은 무엇이었나요? 그리고 그 행동을 선택한 이유는 무엇인가요?

3) 만약 같은 상황이 다시 찾아온다면, 이전과는 어떤 점을 다르게 해 보고 싶나요? 그 이유는 무엇인가요?

3-2-❸ 생각하는 마음

1. 목표와 목적

가. 교육 목표

1) 자기 인식 개발

학생들이 이야기와 활동을 통해 자기 판단력과 역할을 인식합니다.

2) 공감 촉진

친구들과의 대화를 통해 다양한 관점을 이해하고 공감 능력을 배양합니다.

3) 긍정적인 자기표현 촉진

자신의 선택과 이유를 논리적으로 표현할 수 있도록 돕습니다.

나. 교육 목적(발달적 연관성)

1) 정서적 발달

이야기 속 상황을 판단하고 감정을 표현하며 정서적 성장에 이바지합니다.

2) 사회적 발달

그룹 활동과 토론을 통해 협력과 의사소통 기술을 향상합니다.

2. 수업 구성

가. 학습 성과

1) 학생들은 이야기를 듣고 주요 사건과 감정을 이해하고 표현합니다.

2) 자신의 선택과 역할을 설명하며 자기표현 능력을 발달시킵니다.

나. 제안 시간

1) '마음 열기' 단계: 10분

2) '찾아내기' 단계: 20분

3) '고르기' 단계: 10분

다. 준비물

1) 〈빨간 모자〉이야기책

2) 역할 선택 카드 (술래잡기, 줄넘기, 피구 등 그림 포함)

3) 스티커와 간단한 미술용품 (감정 표현하기 활동용)

라. 수업 준비 팁

1) 이야기 읽기를 흥미롭게 하도록 생생한 목소리로 읽거나 영상 자료를 활용합니다.

2) 학생들이 다양한 의견을 제시할 수 있도록 열린 질문을 준비합니다.

3) 활동을 진행하며 학생들의 생각이 자유롭게 표현될 수 있도록 격려합니다.

3. 활동 지침

가. 수업 목표

1) 이야기 속 상황을 통해 비판적 사고와 문제 해결 능력을 함양합니다.

2) 역할 정하기 활동을 통해 자신의 성향과 장점을 탐구합니다.

3) 협력과 토론을 통해 친구들과의 의견 교환을 촉진합니다.

나. 수업 전개

마음 열기   생각하는 주인공 찾기

◆ **수업 계획:** 15분

교사: 만약 여러분이 빨간 모자였다면, 늑대가 할머니로 변장한 걸 보고 어떤 단서로 의심했을까요? 자기 생각을 말해보세요.

학생은 활동지에 적은 내용을 바탕으로 자신의 의견을 공유한다.

〈빨간 모자〉 이야기를 읽는다.

교사: 이제 몇 가지 질문에 대해 각자 생각을 나눠볼게요. 빨간 모자가 늑대를 만났을 때 어떻게 해야 했다고 생각하나요?

이야기 중 빨간 모자가 숲에서 늑대를 만난 장면과 할머니 집에 도착한 장면에 대해 질문한다.

교사: 빨간 모자가 숲에서 늑대를 만났을 때, 어떤 감정을 느꼈을까요?

교사: 할머니 집에 도착했을 때, 왜 이상하다고 생각했을까요?

학생들에게 각자의 생각을 자유롭게 발표하도록 한다.

고르기   나의 역할 정하기

◆ **수업 계획:** 15분

– 학생들에게 질문을 던지고 답을 생각하게 한다.

교사: 빨간 모자가 늑대를 만났을 때 어떻게 행동했어야 할까요?, 늑대와의 대화에서 어떤 단서를 보고 의심할 수 있었을까요?

– 각자 자신의 답을 적거나 그림으로 표현하게 한다.

– 짝을 지어 자신의 답을 서로 나누고, 친구의 생각에 관해 이야기한다.

•고르기: 나의 역할 정하기 (10분)

•준비된 역할 선택 카드에서 자신이 하고 싶은 역할을 고르게 한다.

•선택한 이유를 친구들에게 설명하도록 한다.

•역할에 따라 간단한 움직임이나 제스처를 표현하며 활동을 마무리한다.

다. 수업 정리

감사하기

◆ 감사 나누기(10분)

- 교사가 칠판에 "나는 ___ 해서 고마워요!"라는 문장을 적는다.

- 학생들이 스스로 감사할 점을 채우고 발표한다.

예: "나는 친구를 도와줘서 고마워요!"

4. 촉진 전략

가. 지지적이고 포용적인 학습 환경 조성

1) 학생들의 생각을 모두 존중하며, 공감적인 피드백을 제공합니다.

2) 각 학생이 자유롭게 의견을 표현할 수 있도록 긍정적인 분위기를 조성합니다.

나. 그룹 토론 및 활동 관리

1) 다양한 관점을 공유하도록 유도하며, 발표 기회를 고르게 제공합니다.

2) 내성적인 학생들도 편안하게 참여할 수 있도록 격려합니다.

다. 민감한 주제 다루기

1) 민감한 의견이나 판단에 대한 논의에서는 긍정적인 면을 강조하며, 교사가 예시를 들어 공감대를 형성합니다.

5. 추가 자료

가. 추천 동요나 동화

1) 동요

〈빨간 모자〉

- 빨간 모자를 노래로 표현한 창작 동요

- 빨간 모자가 늑대와 만나는 상황을 흥미롭게 담은 노래입니다.

- 아이들이 노래를 부르며 이야기의 핵심을 되새길 수 있도록 가사가 구성되어 있습니다.

〈생각의 씨앗〉

"생각의 씨앗을 심어요, 내 마음에서 자라요"라는 후렴구로 사고력과 창의성을 강조합니다.
학생들이 자기 생각을 노래로 표현하도록 장려합니다.

〈내 역할을 찾아서〉

"나는 누구일까요? 나만의 역할 찾아요"라는 내용으로 자신의 역할을 탐구합니다. 학생들이
자신의 선택을 확신하도록 돕는 활동과 연계됩니다.

2) 동화

〈빨간 모자〉 현대적 각색 이야기

빨간 모자가 늑대를 만났을 때 문제를 스스로 해결하는 결말로 재구성된 이야기입니다.

• 활용 방법: 원작과 각색 이야기를 비교하며 토론하고, 학생들이 새로운 결말을 상상하도록
도울 수 있습니다.

〈생각하는 토끼〉

위기를 지혜롭게 해결하는 토끼의 이야기를 통해 창의적 사고와 문제 해결 능력을 배울 수
있습니다.

• 활용 방법: 학생들이 "내가 토끼였다면 어떻게 했을까?"를 상상하며 자신만의 해결책을 찾게
합니다.

〈협력하는 여우들〉

여러 여우가 각자의 강점을 발휘해 문제를 해결하는 이야기를 다룹니다.

• 활용 방법: 팀워크와 협력의 중요성을 이해시키고, 역할 분담의 가치를 학습할 수 있습니다.

나. 활동

• 역할극: 빨간 모자가 되어보기

빨간 모자와 늑대의 대화를 직접 재현하며 문제 상황을 해결하는 방법을 탐구합니다.

– 활용 방법: 학생들이 각각의 역할을 맡아 대사를 연기하며 상상력과 공감 능력을 기릅니다.

• 그림 그리기: 결정 장면 표현하기

빨간 모자가 내린 결정과 그 결과를 그림으로 나타내는 활동입니다.

– 활용 방법: 시각적 표현을 통해 이야기의 핵심 내용을 더 깊이 이해할 수 있습니다.

• 감정 카드놀이

이야기 속 등장인물의 감정을 카드로 선택하고 그 이유를 설명하는 활동입니다.

– 활용 방법: 학생들이 빨간 모자, 늑대, 할머니 등 인물의 상황을 이해하며 감정을 분석할 수 있습니다.

이 자료는 이야기의 주제와 메시지를 학생들에게 흥미롭게 전달하며 창의성과 협력을 동시에 경험하도록 설계되었습니다.

6. 교사 노트

7. 가. 수업 조정

발표 시간을 조정하여 부담스러워하는 학생들에게 개별 발표 기회를 제공합니다.

나. 문화적 가치 통합

학생들이 경험한 지역 행사나 전통적인 상황을 활용하여 더 친근하게 이야기할 수 있도록 지도합니다.

다. 개인화된 수업

1) 학생들이 좋아하는 이야기나 게임을 추가로 활용하여 흥미를 높입니다.

2) 각 학생의 발표 내용을 바탕으로 개별 피드백을 제공합니다.

라. 교사를 위한 확장 질문

1) 빨간 모자가 숲에서 늑대를 만났을 때 어떤 행동을 했으면 더 안전했을까요?

2) 할머니로 변장한 늑대를 보고 빨간 모자가 의심한 단서는 무엇일까요? 그 단서를 통해 빨
   간 모자가 할 수 있었던 다른 행동은 무엇인가요?

3) 술래잡기, 줄넘기, 피구 중에서 내가 가장 좋아하는 역할은 무엇인가요? 그리고 그 이유는
   무엇인가요?

최고의 '나'

나는 매일 꿈을 그립니다. 그것이 이루어지지 않아도 괜찮아요!
그 속에서 최고의 씨앗은 무엇인가 관찰하고,
어떻게 키울까 생각합니다.

이 단원에서는 꿈을 꾸는 '최고의 나'에 대해 깊이 생각해 보고,
친구들과 대화하는 시간을 가져 봅시다.

4-1-❶ '나'를 발견하고 응원하기

1. 목적과 목표

가. 교육 목표

1) 자기 인식을 개발하여 자신에 대해 긍정적으로 표현할 수 있습니다.

2) 짝꿍과의 상호작용을 통해 공감 능력을 키웁니다.

3) 나의 장점과 다른 사람의 장점을 발견하고 응원하는 자세를 배웁니다.

나. 교육 목적(발달적 연관성)

1) 정서적 발달

1~2학년 학생들이 자신의 장점과 다른 사람의 장점을 이해하며 긍정적인 자아 이미지를 형성

합니다.

2) 사회적 발달

친구와의 상호작용을 통해 협력하고 배려하는 태도를 익힙니다.

2. 수업 구성

가. 학습 성과

1) 인터뷰 활동을 통해 나의 특성과 장점을 이야기할 수 있습니다.

2) 이야기를 경청하고 응원하는 태도를 배웁니다.

나. 제안 시간

1) '마음 열기' 단계: 15분- 짝꿍 인터뷰하기

2) '찾아내기' 단계: 15분- 짝꿍 소개하기

3) '감사하기' 단계: 10분

다. 준비물

1) 인터뷰 활동지(질문 예시 포함)

2) 필기구(연필, 색연필)

라. 수업 준비 팁

1) 활동 전에 학생들에게 인터뷰 방법과 질문 예시를 설명합니다.

2) 학생들이 편안한 분위기에서 이야기할 수 있도록 책상 배열을 조정합니다.

3) 예시 질문지를 제공하되, 자유롭게 질문할 수 있도록 유도합니다.

4) 발표가 부담스러운 학생들을 위해 간단한 소개만 해도 괜찮다고 격려합니다.

3. 활동 지침

가. 수업 목표

1) 효과적인 의사소통 능력 기르기

짝꿍 인터뷰를 통해 질문과 답변을 주고받으며 명확하게 자신의 생각과 감정을 표현하는 방법을 익힙니다.

2) 상호 이해와 협력 증진

친구의 이야기를 경청하고 배운 내용을 정리하여 발표함으로써 타인을 이해하고 협력하는 능력을 강화합니다.

3) 자신감 있는 자기표현

자신과 짝의 특징을 긍정적으로 소개하고, 감사의 말을 표현하며 자기표현 능력과 자존감을 높입니다.

나. 수업 전개

마음 열기 | 짝꿍 인터뷰하기

◆ **수업 계획:**15분

▶ **활동 안내 (3분)**

교사: "여러분, 오늘은 친구와 대화를 통해 서로에 대해 알아보는 시간을 가질 거예요. 짝꿍을 정하고, 서로 질문을 주고받으며 서로에 대해 더 많이 알게 될 거예요. 우선 짝꿍을 정해 볼까요? (선생님은 번호 뽑기, 사다리 타기, 앞뒤 등 서로 부정 정서가 생기지 않도록 임의 지정, 학생들 자율로 하는 것은 지양한다) 서로의 이야기를 잘 듣고 중요한 내용을 메모해 주세요. 대화 중에는 친구가 자기 생각을 자유롭게 표현할 수 있도록 교재 85쪽에서 질문 예시를 보면서 질문을 하면 됩니다."

▶ **교재 85쪽 질문 예시**

－ 너를 뭐라고 불러주면 기분이 좋아?

－ 네가 잘하는 것은 무엇이니?

－ 네가 가장 잘하고 싶은 것은 무엇이니?

교사: "이 질문들을 참고하여 인터뷰를 시작해보세요. 질문은 각자 돌아가면서 한 번씩 해보세요. 자, 이제 짝을 정해볼까요? (선생님은 번호 뽑기, 사다리 타기, 앞뒤 등 서로 부정 정서가 생기지 않도록 임의 지정, 학생들 자율로 하는 것은 지양한다)."

▶ **인터뷰 시간 (7분)**

교사(멘트 예시): "이제 서로 돌아가며 질문을 하고 답을 해보세요. 답을 들을 때는 친구의 말을 잘 듣고 중요한 내용들을 메모해 주세요. 질문을 할 때는 '네가 잘하는 것은 무엇이니?' 질문 후에 연결 질문을 해도 좋습니다. 그럼, 여러분의 대화가 더 풍성해질 거예요."

(인터뷰 시간이 진행되면서 교사는 학생들이 대화하는 모습을 살펴보고, 적극적으로 참여하도록 유도하며 도움을 주거나 학생들의 대화를 듣고 고개를 끄덕이는 등의 공감 행동도 해 보인다)

▶ **활동 정리** (5분)

교사: "모두 인터뷰 잘 끝마쳤죠? 이제 대화를 마친 후, 알게 된 가장 흥미로운 점을 나눠보려고 해요. 친구가 답한 내용 중에 놀라운 점이나, 내가 몰랐던 부분이 있나요? 예를 들어, '내 친구가 이름을 부를 때 "○○야!" 할 때 기분이 이렇게 좋은지 몰랐어요' 또는 '내 친구가 꿈꾸는 것이 정말 멋졌어'와 같은 경험을 나누어 보세요. 그럼 여러분이 서로 알게 된 내용 중 가장 인상 깊었던 것을 서로 이야기해 볼게요."

(학생들이 서로 이야기할 때, 교사는 학생들이 주고받은 대화의 내용을 존중하며 피드백해준다.)

▶ **후속 질문을 통해 코칭 대화**

– "친구와의 대화에서 어떤 점이 가장 즐거웠나요?"

– "오늘 대화를 통해 너 자신에 대해 더 잘 알게 된 점은 무엇인가요?"

– "다음에는 어떤 질문을 해보고 싶은가요?"

교사: "오늘 친구와 대화를 통해 서로를 더 잘 이해할 수 있었나요? 서로 다른 생각과 꿈을 가진 친구들을 이해하는 것은 중요한 일입니다. 가장 인상적인 질문은 어떤 것인지, 좀 더 구체적으로 짝을 소개하는 시간을 가져보도록 해요.

찾아내기 | 나의 짝꿍을 소개합니다 & 나의 발견

◆ **수업 계획:** 15분

▶ **활동 안내** (3분)

교사: "여러분, 이제 친구와 인터뷰를 통해 알게 된 내용들을 바탕으로 친구를 소개하는 시간을 가질 거예요. 오늘 발표할 때는 들은 내용을 편안하고, 자신 있게 친구의 좋은 점을 소개할 거예요. 발표할 때는 자신감을 가지고, 친구를 칭찬하는 마음으로 소개하는 것이 중요해요. 선생님이 예시를 보여줄게요.

"제 짝은 ○○입니다. ○○는○○○이라고 불러주면 기분이 좋아진다고 합니다, ○○이 잘하는 것은 ○○이고, 스스로 잘하는 것은 ○○입니다. 또, 스스로 자기 물건 정리를 잘해서 자랑스럽다고 했어요!"

교사: "자, 이제 여러분도 이런 형식으로 친구를 소개해보세요. 친구에 대해 잘 알게 된 점을 떠올리며 발표 준비해봅시다."

▶ **짝꿍 소개 발표** (7분)

교사: "이제 각자 준비한 내용을 발표해보세요. 발표할 때 친구가 들을 수 있도록 크게 말해주세요. 그리고 발표를 들은 친구는 '잘했어!' 또는 '멋지다!'라고 칭찬해주세요. 서로 긍정적인 피드백을 주고받으며, 친구를 더 잘 알게 되는 기회를 만들어요."

(학생들이 발표하는 동안, 교사는 적극적으로 칭찬하며 발표를 듣고 긍정적인 피드백을 제공합니다.)

피드백: "정말 잘했어요! ○○의 꿈이 멋지네요."

"와, ○○의 보석이 정말 멋져요!"

"○○는 ○○할 때 기분이 가장 좋구나!"

교사: "이제 친구의 발표를 듣고, 짝과의 인터뷰를 통해 알게 된 나에 대해 생각해 보는 시간을 가져볼 거예요. 친구를 인터뷰하면서 나에 대해 새로운 점을 알게 되었을 거예요. 예를 들

어, '나는 친구가 말한 내가 잘하는 점에 고마워요!' 또는 '나는 친구가 말한 나의 잘하는 점이 정말 자랑스러워요!'라고 나에 대해 이야기해볼까요?"

"자, 이제 각자 짝과 인터뷰하면서 발견한 나의 좋은 점이나 새로운 점을 나누어 봅시다."

학생(예시): "나는 ○○ 때문에 고마워요. ○○는 내가 모르는 나의 강점을 말해줘서 정말 기뻤어요."

"나는 나에 대해 더 자랑스러워졌어요. ○○가 말한 내 잘하는 점이 정말 마음에 들었어요."

교사: "오늘 친구를 소개하고, 자신에 대해 알게 된 점을 나누는 시간을 통해 서로를 더 잘 알게 되었나요? 그리고 나의 좋은 점을 다시 한번 생각해 볼 수 있었어요. 친구들에게 고마운 마음을 전하며, 자신감을 가지고 서로 격려하는 우리가 되었으면 합니다."

▶ 후속 질문을 통해 코칭 대화

- 친구를 소개할 때 가장 중요하게 생각하는 점은 무엇인가요?

- 나 자신을 긍정적으로 바라보는 방법에는 어떤 것들이 있을까요?

- 친구에게 고마운 점을 어떻게 표현할 수 있을까요?

다. 수업 정리

◆ 감사 나누기(10분)

4. 촉진 전략

가. 안전한 분위기 조성

1) 학생들이 부담을 느끼지 않도록 발표의 양과 내용을 자유롭게 합니다.

2) 적극적으로 칭찬하며 모든 의견을 존중해줍니다.

나. 경청과 공감 강조

친구의 이야기를 듣고 나서 고개 끄덕이기, 긍정적인 피드백 주기 등을 가르칩니다.

다. 민감한 상황 다루기

발표 도중 부끄러워하거나 주저하는 학생은 교사가 함께 진행하거나 그림으로 표현하게 도와

줍니다.

5. 추가 자료

가. 동요

◆ 우리는 친구

https://youtu.be/Jcpbys4RRL8?si=jwXD96iAxm_iqaku

동요를 통해 아이들이 자연스럽게 유대감을 형성하고 친구의 소중함과 협력의 가치를 정서적

으로 체험할 수 있습니다.

나. 확장 활동

   1) 나의 꿈 그림 그리기

   2) "나의 씨앗 키우기"라는 제목으로 꿈에 대해 더 이야기 나누기

6. 교사 노트

가. 수업 환경

   1) 수업을 마친 후 학생들이 각자의 장점과 친구의 장점을 함께 발견할 수 있도록 정리해 줍니다.

   2) 다양한 학생의 특성과 속도에 맞춰 활동을 조정하고 개별 지원을 제공합니다.

   3) 지역사회 활동과 연계하여 꿈에 관한 이야기를 확장할 수 있습니다.

▶ 이 교수-학습지도안은 초등학교 1~2학년의 수준에 맞게 설계되어, 자기 인식과 친구와의 공감 능력을 동시에 키우도록 구성되었습니다.

나. 교사를 위한 확장 질문

   1) 다른 활동을 추가하여 꿈을 더 깊이 생각할 수 있도록 할 수 있을까요?

   2) 학생들이 꿈을 그림으로 표현하는 활동은 어떻게 진행하면 좋을까요?

   3) 발표가 어려운 학생들을 돕기 위해 다른 방법은 어떤 것이 있을까요?

4-1-❷ '나'의 씨앗 키우기

1. 목적과 목표

가. 교육 목표

1) 자기 인식

스스로 마음과 행동을 돌아보고 긍정적인 변화를 탐색합니다.

2) 공감 촉진

친구와의 상호작용을 통해 감정을 공유하고 상대를 이해하는 힘을
기릅니다.

3) 긍정적 자기표현

나만의 '최고의 씨앗'을 발견하고 긍정적으로 표현하는 경험을 제공합니다.

나. 교육 목적(발달적 연관성)

1) 정서 발달

초등 1, 2학년 시기는 자기감정을 이해하고 타인의 감정에 공감하는 능력이 발달하는 시기입
니다.

2) 사회적 발달

짝 활동과 그룹 공유를 통해 관계 형성 능력을 촉진합니다.

2. 수업 구성

가. 학습 성과

학생들이 성취할 점: 나쁜 씨앗이 무엇인지 이해하고, 스스로 긍정적인 씨앗을 발견해 표현합
니다.

나. 제안 시간

1) '마음 열기' 단계: 15분- 사진 관찰 및 질문

2) '떠올리기' 단계: 15분- 책 읽기 및 나의 씨앗 표현

3) '감사하기' 단계: 10분- 씨앗 공유와 감사 표현

다. 준비물

1) 사진 자료 (나쁜 씨앗이 자라나는 이미지 보여 주기)

https://youtu.be/QwZmCvzgLwE?si=9lHXucKT3chl5iXS

◆ 동화책 '나쁜 씨앗'

https://youtu.be/xZc5gdog2KY?si=Yhwmda9FDO-gDDG3

◆ 필기구: 연필, 색연필

라. 수업 준비 팁

1) 사진 자료와 책 '나쁜 씨앗'을 미리 준비합니다.

2) 학생들이 감정이나 생각을 자유롭게 표현할 수 있도록 편안한 분위기를 조성합니다.

3) 활동에 적합한 조용한 배경음악을 준비하면 좋습니다.

3. 활동 지침

가. 수업 목표

1) 관찰력을 기르고 표현 능력을 향상시키기

사진 속에서 보이는 구체적인 내용을 관찰하고 스스로 생각한 것을 말로 표현하며 자신의 의견을 자신 있게 표현하도록 돕습니다

2) 협력과 공감 능력 향상

친구들과 함께 질문에 대해 의견을 나누며 서로의 생각과 감정을 존중하고 공감하는 태도를

배우도록 합니다.

3) 비판적 사고와 감정 이해 능력 키우기

나쁜 씨앗의 변화를 통해 부정적인 감정이나 생각이 형성되는 과정을 이해하고, 이러한 감정이나 생각이 자신에게 미칠 영향을 탐구합니다.

4) 정서적 성찰과 자기 성찰 능력 강화

'우리 마음속에도 나쁜 씨앗이 자랄 수 있을까?'라는 질문을 통해 자신을 돌아보고 부정적인 감정을 긍정적인 방향으로 바꾸는 방법에 대해 생각해봅니다.

나. 수업 전개

마음 열기   [나쁜 씨앗] 탐구하기

◆ **수업 계획:** 15분

▶ **활동 안내**(5분)

교사: 여러분, 혹시 씨앗이 자라는 걸 본 적이 있나요? 이 사진을 한번 볼까요?

"이 사진에서 무엇이 보이나요?", "이 씨앗은 어떤 변화가 생긴 것 같나요?"(학생: '씨앗이 이상하게 변했어요', 까맣게 변했어요. '등)

교사: "이 씨앗은 어떤 변화가 생긴 것 같나요?"

(학생들이 자유롭게 말하도록 한다. 예: '말라버렸어요.', 썩은 거 같아요'등)

교사: "좋아요! 여러분 정말 잘 관찰했어요! 씨앗이 건강하게 자라지 못하고 이상하게 변한 걸 볼 수 있죠?"

교사: "이번에는 이 씨앗이 왜 나쁘게 변했을지 생각해 볼 거예요. 친구들과 이야기하면서 답

을 찾아볼까요?" 선생님이 질문 3가지 예를 들어 줄게요. 짝꿍이나 모둠에서 질문에 대해 서로 이야기해봅시다.

질문 예시: "씨앗이 왜 나쁘게 변했을까요?"

"우리 마음에도 나쁜 씨앗이 자랄 수 있을까요?"

"나쁜 씨앗을 바라보는 친구들의 시선은 어떤가요?"

교사: "좋아요! 씨앗이 잘못된 환경이나 나쁜 조건에서 나쁘게 변할 수 있는 것처럼, 우리 마음속에서도 나쁜 감정이나 생각이 자라날 수 있어요. 그렇다면 이런 나쁜 씨앗이 자라지 않으려면 어떻게 해야 할까요?"

교사: '나쁜 씨앗' 이야기를 통해 무엇을 배웠나요? 자유롭게 느낀 점을 나눠볼까요?

교사: 여러분, 나쁜 씨앗이 자라지 않게 하려면 좋은 생각과 마음을 더 많이 키워야 해요. 자, 그럼 '나쁜 씨앗'을 직접 만나러 가 볼까요?

▶ '나쁜 씨앗' 책 읽기 후 질문하기 (10분)

교사: 씨앗은 좋은 것도 자라지만, 나쁜 것도 자랄 수 있어요. 오늘은 '나쁜 씨앗'이라는 동화를 읽으면서 우리가 어떤 씨앗을 마음에 키우고 있는지 알아볼 거예요."

자, 선생님이 이제 '나쁜 친구'를 소개해 줄거에요.

(책을 표지부터 읽어주고 영상을 보여준다. 위 준비물 참고)

교사: 책을 읽었으니 이제, 여러분이 교재 89쪽에 있는 예시 질문들을 보고 마음이 드는 질문 3가지를 골라서 짝과 내가 돌아가며 질문을 하고, 같은 질문에 짝꿍과 내가 각각 답을 하는 거예요. 선생님이 먼저 한번 보여줄게요.

8번, 나쁜 씨앗에게 가장 필요한 것은 무엇일까요? 자, 이제 짝과 묻고 답하기 시작!

교사: 짝과 서로 생각이 어떻게 달랐을까, 비슷했을까 궁금해요.

떠올리기   나의 "최고의 씨앗"

◆ **수업 계획:** 15분

▶ **씨앗 찾아서 표현하기**(5분)

교사: 이제 교재 90쪽을 보세요. 여러분이 〈나쁜 씨앗〉을 읽고 느낀 것이 다양했어요. 그 마음들을 통해서, 내 안에는 어떤 씨앗이 싹트고 있는지, 어떤 싹을 틔우고 싶은지 90쪽 책에 그림이나 글로 표현해보세요.

교사: 각자의 씨앗을 선생님이 다니면서 보니까 선생님도 깜짝 놀랐어요. 여러분 안에 그런 멋진, 기대되는 씨앗이 있다는 것, 어떤 친구는 싹트고 있는 씨앗을 아주 깊숙이서 더 찾고 있기도 하고요, 이렇게 여러분 마음을 들여다보는 것만으로도 여러분은 원하는 최고의 씨앗을 틔울 수 있어요!

▶ **발견한 씨앗 탐구하기 및 발표** (10분)

교사: 내가 발견할 씨앗을 좀 더 관찰할 준비가 된 친구들은 손을 번쩍 들어볼까요? 와우, 선생님은 씨앗을 발견한 여러분을 우선 축하해요!!

(손뼉 치며 아주 기쁘게 축하해 준다.)

이제 91쪽을 보고 각 질문에 대해서 여러분이 먼저 답을 써 보세요. 그리고 모둠에서 같이 발표하도록 할게요.

교사: 이제 각 모둠에서 한 명씩 발표하면 다른 친구들은 어떻게 하면 될까요?

(경청의 답이 나오도록 유도한다.)

네 맞아요. 잘 들어주고 발표가 끝나면 손뼉을 치며 축하해 줄게요.

나의 씨앗 발표

(학생들이 자기 씨앗을 한 명씩 짧게 발표한다. 친구의 발표를 듣고 격려와 공감을 나눈다.)

다. 수업 정리

감사하기

▶ 감사 나누기 (10분)

교사: 오늘 수업을 통해서 나의 크고 작은 감사를 나누는 시간을 가지는 시간이에요. 교재 91쪽 아래에 나의 감사를 적어보세요.

교사: 여러분의 감사를 같이 나눌까요? 큰소리로 나누고 싶은 친구부터 손을 번쩍 들고 발표할게요.

교사: 선생님은 여러분의 ○○○○ 감사 내용을 듣고 여러분을 만나서 수업을 하는 이 순간이 저에게는 감사입니다. 오늘 나눈 감사의 마음처럼 매일 감사를 찾은 우리가 되어요. 준비되었나요? 준비된 친구들은 손뼉을 크게 치고 마치겠습니다.

(교사는 아이들이 나눈 긍정의 표현 중 몇 가지를 함께 나누고 수업을 마무리한다.)

4. 촉진 전략

가. 지지적이고 포용적인 학습 환경 조성

모든 답변이 존중받을 수 있도록 칭찬과 격려를 합니다.

나. 그룹 토론 및 활동 관리

학생들이 나쁜 감정을 표현할 때, 이를 나쁜 씨앗으로 바꾸는 방법을 함께 생각해봅니다.

다. 민감한 주제 다루기

내성적인 학생들도 자기 생각을 표현할 수 있도록 그림이나 글쓰기 활동을 활용합니다.

5. 추가 자료

가. 동요

"작은 씨앗" https://youtu.be/pS91X6YNa7I?si=KgIEbvV19IYl0s_x

"씨앗의 꿈" https://youtu.be/A5o6Yw54hEw?si=UE-D-f7BPAt0_nHX

나. 동화

〈나쁜 씨앗〉 (저자: 조리 존, 출판사: 북뱅크)

〈아주 작은 씨앗〉 (저자: 에릭 칼)

https://youtu.be/zD83-5YCOj0?si=w1moeHCHqCwsBdCi

다. 활동

1) 씨앗 심기 실습: 학생들이 작은 화분에 실제 씨앗을 심고 관찰 일지를 작성

2) 감정 나무 만들기: 각각의 감정을 나무의 가지에 연결하고 씨앗 역할로 표현

3) 온라인 자료: "씨앗의 변화 과정" 동영상 링크: 씨앗 변화 동영상

6. 교사 노트

가. 수업 조정

1) 학습 수준별 조정

1학년은 사진 관찰 단계에서 시각 자료를 추가하고, 구체적인 질문으로 이해를 돕고, 2학년은
나쁜 씨앗의 감정 변화를 자기 경험과 연결하도록 유도합니다.

나. 문화적 가치 통합

1) 지역사회의 자연 보호 캠페인과 연계해 "씨앗의 소중함"을 주제로 이야기를 나눕니다.

2) 지역 식물이나 농작물의 씨앗과 관련된 이야기를 수업에 포함합니다.

다. 개인화된 수업

1) 교사의 스타일에 따라 다음과 같이 활동을 조정합니다:

2) 예술 중심 교사는 그림과 색칠 활동을 통해 씨앗의 이야기를 확장합니다.

3) 대화 중심 교사는 짝 토론 시간을 늘리고 질문을 활용한 탐구를 강화합니다.

4) 실험 중심 교사는 씨앗 발아 실험을 도입해 관찰 학습을 진행합니다.

라. 교사를 위한 확장 질문:

1) "학생들이 나쁜 씨앗을 긍정적인 씨앗으로 바꾸는 과정에 대해 어떻게 더 구체적으로 안 내할 수 있을까요?"

2) "이 활동을 확장하여 씨앗 심기와 같은 실생활 연결 프로젝트로 발전시킬 방법은 무엇인가요?"

3) "감정을 표현하기 어려워하는 학생을 위해 어떤 추가 활동을 제공할 수 있을까요?"

4-1-❸ 최고의 싹 틔우기

1. 목적과 목표

가. 교육 목표

1) 자기 인식 개발

경청의 의미를 이해하고, 친구의 이야기를 집중해서 듣는 방법을 익힙니다.

2) 공감 촉진

친구와 협력하며 경청을 실천하는 경험을 통해 공감 능력과 소통을 기릅니다.

3) 긍정적인 자기표현 촉진

경청의 태도를 긍정적으로 표현하고 스스로 다짐합니다.

나. 교육 목적(발달적 연관성)

1) 정서적 발달

1•2학년 학생들은 자기중심적 사고가 강한 시기이므로 타인의 의견을 듣는 연습이 필요합니다.

2) 사회적 발달

감정 표현이 서툴기 때문에 경청을 통해 공감하는 경험이 사회적 관계 형성에 도움이 됩니다.

2. 수업 구성

가. 학습 성과

1) 경청의 중요성을 이해하고 친구의 말을 주의 깊게 듣습니다.

2) 경청 태도를 실천하는 구체적인 방법(눈 바라보기, 고개 끄덕이기, 맞장구 치기)을 연습합니다.

나. 제안 시간

1) '마음 열기' 단계: 15분- 활동을 통해 집중력과 호기심을 높임

2) ' 고르기' 단계: 15분- 경청 미로 찾기 및 경청 씨앗 심기

3) ' 감사하기' 단계: 10분- 경청에 대한 다짐 발표

다. 준비물

- 필기도구, 미로 지도 (인쇄된 자료), 눈가리개, 색연필 또는 크레파스

라. 수업 준비 팁

1) 활동에 사용될 미로 찾기 자료를 준비해 둡니다.

2) 경청 태도 실천 방법을 학생들에게 시범 보일 준비를 합니다.

3) 학생들이 신뢰감을 느끼도록 지지적이고 긍정적인 분위기를 조성합니다.

3. 활동 지침

가. 수업 목표

1) 다른 사람의 말을 끝까지 주의 깊게 듣는 경청의 의미와 중요성을 이해합니다.

2) 눈 맞추기, 고개 끄덕이기, 맞장구 치기 등 올바른 경청 방법을 배우고 실천합니다.

3) 경청을 통해 친구의 생각을 존중하고 감사의 표현을 연습합니다.

나. 수업 전개

◆ **수업 계획:** 15분

　　참고) 이모티콘의 우리말은 그림말입니다. (국립국어연구원)

　　선생님이 말로 하면 학생들은 그림말로 나타냅니다.

▶ 그림말로 표현해요 (5분)

　　교사: "여러분, 선생님이랑 재미있는 게임을 해볼까요? 지금부터 여러분에게 단어를 하나씩 줄 거예요. (의미가 있는 단어, 예) 복숭아, 사랑해, 그림말 등) 모두가 동시에 자기 단어를 큰 소리로 외치면 됩니다! 준비됐나요?"

　　교사: 말하는 단어 소리를 들었죠? 헷갈린다구요? 그럼 다시 한번 크게 명확하게 각자의 단어를 말해 볼게요! 하나, 둘, 셋!

　　교사: 자, 각자 들은 단어를 조합해볼까요? 각 팀에서 들은 글자를 합해서 의미 단어로 만들어 볼게요. 1팀? 2팀? 3팀?

　　▷ **활동 방법**

　　– 각 학생에게 서로 다른 단어 카드를 나눠줍니다.

　　– 학생들은 선생님의 신호에 따라 동시에 자신의 단어를 외칩니다.

　　– 친구들은 들리는 글자 중에서 단어를 찾아내어 큰 소리로 말합니다.

　　교사: "우리가 지금 여러 사람의 말을 들었지만, 정확히 들으려면 집중해야 한다는 걸 알 수 있었죠? 그럼, 오늘은 다른 사람의 말을 잘 듣는 방법을 배워볼 거예요!"

▶ 경청 배우기: 한자의 '들을(청)' 자 살펴보기(3분)

　　교사: "여러분, 한자의 '들을 청(聽)' 자를 보면 재미있는 사실이 있어요. 이 글자는 '귀(耳)'와 '눈(目)' 그리고 '마음(心)'으로 이루어져 있어요. 귀로 듣고, 눈으로 보고, 마음으로 느끼라는 뜻이 담겨 있어요. 보기보다 중요한 의미를 포함하고 있죠?"

▷ **활동 방법:**

– 칠판에 '聽' 자를 크게 적고, 각 부분의 의미를 설명합니다.

– 학생들과 함께 따라 그려보고, 경청할 때 필요한 행동(귀 기울이기, 눈 맞추기, 마음 열기)을 이야기합니다.

▶ **표현하기: 들은 것을 그림으로 나타내기**(8분)

교사: "이제 선생님의 이야기를 잘 듣고, 그 내용을 그림으로 표현해 볼 거예요. 눈으로 보고 귀로 들은 내용을 그림으로 그리면 더 잘 기억할 수 있어요!"

▷ **활동 방법**

- 간단한 이야기를 들려줍니다.

예시 1: 책상 중앙에 둥근 모양의 물통이 있고, 왼쪽에는 네모난 작은 지우개가 있고, 오른쪽에는 네모 모양의 메모지와 연필이 있어요.

예시 2: 내 얼굴은 계란형이야. 가끔 친구들이 오이처럼 생겼다고 하기도 해. 그리고 내 눈은 크고 쌍꺼풀이 없고 동그란 편이야, 코는 우리 엄마의 오뚝한 콧날을 닮았어. 입은 지금 기분이 좋아서 미소를 짓고 있어.)

- 학생들은 이야기를 듣고 느낀 점을 그림으로 표현합니다.

- 완성된 그림을 친구들과 함께 보며 이야기를 나눕니다.

교사: 친구들과 서로 각자의 그림을 볼까요? 어때요?(서로 다름을 보고 경청의 중요성을 깨닫게 해 준다. 선생님이 여기 설명해 준 사진을 보여줄게요.

한자의 '들을 청(聽)' 자를 다시 한번 살펴보면 하나의 귀(耳)와, 눈(目)으로, 마음(心)을 한데 모아 듣는 것이에요.

예시: 내 얼굴은 계란형이야. 가끔 친구들이 오이처럼 생겼다고 하기도 해.

그리고 내 눈은 크고 쌍꺼풀이 없고 동그란 편이야, 코는 우리 엄마의 오똑한 콧날을 닮았어. 입은 지금 기분이 좋아서 미소를 짓고 있어.

"경청송" https://youtu.be/ASh0j9n7wKA?si=4a99P9TEEQTGMJCN

고르기   경청 미로 찾기

◆ **수업 계획:** 15분

▶ **활동 안내**(2분)

선생님이 그림책 '내 말을 전해줘'를 먼저 보고 수업 참고하기

https://youtu.be/kgs3KuUvFrU

교사: "얘들아, '나' 하면 떠오르는 건 뭐가 있을까? 선생님이 먼저 해 볼게요. 저는 '선생님' 하면 친절하고 웃음이 많은 모습이 떠오르는 것 같아! 그럼 이번에는 너희가 '놀이동산' 하면 뭐가 떠오르는지 한번 말해볼까요?"

▶ **경청 미로 찾기**(8분)

교사: 자 그럼 지금부터 시작해볼까요?

▷ **활동 방법**

- 미로 그림을 준비합니다.
- 한 명은 눈을 감고, 다른 한 명은 "오른쪽으로 가세요, 앞으로 가세요"처럼 안내합니다.
- 눈을 감은 친구는 안내자의 말을 잘 들으며 미로를 통과합니다.
- 역할을 바꿔서 다시 활동합니다.

▶ 경청 씨앗 심기 (15분)

교사: 여러분 이렇게 미로찾기를 해보니 어때요? 여러분이 느낀 점을 발표하는 시간을 가져볼까요? (자유롭게 말하도록 하고, 호명하지 않는다.)

네, 여러분이 느낀 마음을 한데 모아서, 우리가 95쪽에 있는 빈칸에 누구의 말을 가장 잘 듣고 싶은지, 구체적인 이름이나, 가족, 친구를 써도 좋습니다. 각자 한번 써 보세요.

교사: 이제 다 썼으니, 오른쪽에 앉은 친구들부터 크게 각자 쓴 단어를 넣어서 짝꿍에게 크게 외쳐보세요.

"나는 _____ 가 말할 때, 눈을 바라보며, 고개를 끄덕이며, 맞장구를 치며 잘 들어줄 것입니다."

▷ 확장 질문

- "오늘 어떤 행동이 경청에 가장 도움이 되었나요?"
- "경청을 잘했을 때 기분이 어땠나요?"
- "우리 가족이나 친구와도 경청하는 습관을 어떻게 실천할 수 있을까요?"

다. 수업 정리

감사하기

▶ **감사 나누기**(10분)

4. 촉진 전략

가. 지지적이고 포용적인 학습 환경 조성

1) 학생들이 서로 존중하며 자유롭게 표현할 수 있도록 수업 전 "친구의 말을 잘 들어보자"라는 약속을 만듭니다.

2) 다양한 의견이 나오면 긍정적으로 칭찬하거나 함께 생각해 보는 분위기 조성합니다.

3) 학생들의 대답을 경청하며 고개 끄덕임이나 미소로 지지적인 비언어적 반응을 보여줍니다.

나. 그룹 토론 및 활동 관리

1) 학생들을 2~4명씩 소그룹으로 나누어 협업을 유도합니다.

2) 활동 진행 중, 교사는 각 그룹을 순회하며 도움을 주고, 소극적인 학생들에게 참여를 독려합니다.

3) 각 그룹의 결과물을 공유하도록 하여 모두가 자신의 의견이 존중받는 경험을 할 수 있도록 합니다.

다. 민감한 주제 다루기

1) 학생들의 다양한 발음이나 표현에 대해 웃음거리로 삼지 않도록 유의하며, 교사가 먼저 긍정적으로 모델링합니다.

2) 친구의 말을 잘 듣는 것의 중요성을 사례와 함께 이야기하여 감정적으로 이해할 수 있도록 돕습니다.

3) 활동 중 예기치 않은 상황(예: 학생 간 의견 충돌)이 발생하면, 중재자의 역할로 공감하며 문제를 해결합니다.

5. 추가 자료

가. 동요 (관련 동영상: '경청의 중요성' 애니메이션 또는 동화 영상) <경청송>

〈귀를 기울이면〉 (창작 동요)

활동 후 노래를 부르며 경청의 즐거움을 배가시킬 수 있습니다.

나. 동화: <나쁜 씨앗>, <친구의 말을 들어줘요>, <아기 돼지 삼형제>

다. 활동

1) 〈아기 돼지 삼형제〉

동화 읽기 후, 각 돼지가 어떤 말을 했는지 귀 기울이며 요약하는 활동을 진행합니다.

2) 경청 릴레이 게임

학생들이 한 줄로 앉습니다. 첫 번째 학생이 교사가 전달한 이야기를 잘 듣고, 바로 옆 친구에게 조용히 속삭이며 전달합니다. 마지막 학생이 이야기를 크게 말하며, 원래 이야기와 얼마나 비슷한지 확인합니다.

3) 경청 연극 놀이

학생들을 3~4명씩 그룹으로 나눕니다. 한 사람은 이야기를 하고, 나머지 학생들은 잘 듣고 그 이야기를 몸으로 표현하거나 그림으로 그립니다. 이야기를 마친 후, 각자 자신의 표현을 공유하며 이야기를 경청한 과정을 돌아봅니다.

4) 소리 따라가기

교사가 다양한 소리를 녹음해 들려줍니다(예: 동물 소리, 자연의 소리). 학생들은 소리를 듣고, 소리가 무엇인지 추측하거나 표현합니다. 소리에 대한 자신의 생각을 친구와 나누며 경청의 즐거움을 경험합니다.

6. 교사 노트

가. 수업 조정

1) 학생들의 발달 수준에 따라 활동을 단순화하거나 도구(플래시 카드, 그림 등)를 활용해 이해를 돕습니다.

2) 동시 발음 활동 시, 예시 단어를 미리 제시하여 혼란을 최소화합니다.

나. 문화적 가치 통합

1) 한자 '들을(청)' 자의 의미를 함께 배우며, 경청이 전통적으로 중요한 가치를 지닌 행동임을 설명합니다.

2) 학생들의 가족이나 지역 사회에서 경청이 왜 중요한지 사례를 공유하도록 유도합니다.

다. 개인화된 수업

1) 교사가 학생들의 이름을 불러주며 참여를 독려하고, 개인적인 칭찬을 통해 자신감을 심어 줍니다.

2) 수업 말미에 학생들이 느낀 점을 공유하며 교사의 피드백을 개인별로 제공해 동기를 부여합니다.

3) 다짐 문구로 "나는 다른 사람의 말을 잘 듣는 멋진 친구가 될 거예요!"

라. 교사를 위한 확장 질문

1) 경청 태도를 생활 속에서 더 잘 실천할 수 있도록 학생들이 집이나 학교에서 할 수 있는 구체적인 연습 방법은 무엇인가요?

2) 경청의 중요성을 보다 쉽게 전달하기 위해 사용할 수 있는 다른 활동이나 놀이에는 어떤 것들이 있을까요?

3) 경청과 관련된 동화나 이야기를 수업에 추가한다면 어떤 내용이 학생들의 흥미와 공감을 더 잘 이끌어낼까요?

잘하는 것 찾기 여행

4-2-❶ '나'의 브랜드 만들기

1. 목적과 목표

가. 교육 목표

1) 자기 인식 개발

학생들이 자신의 강점과 성공 경험을 돌아보며 자신을 이해 할 수 있도록 돕습니다.

2) 공감 촉진

서로의 강점을 듣고 인정하며 공감 능력을 키웁니다.

3) 긍정적인 자기 표현 촉진

자신을 긍정적으로 표현하는 능력을 키웁니다.

나. 교육 목적(발달적 연관성)

1) 정서적 발달

자신에 대한 긍정적인 태도를 형성하고 성취감을 느끼게 합니다.

2) 사회적 발달

친구들과 강점을 나누고 서로 격려하며 협동심과 소통 능력을 향상시킵니다.

2. 수업 구성

가. 학습 성과

1) 학생들이 자신의 강점을 찾고 표현할 수 있습니다.

2) 친구의 강점을 듣고 공감하는 태도를 보입니다.

나. 제안 시간

1) '마음 열기' 단계: 15분

2) '찾아내기' 단계: 15분

3) '감사하기' 단계: 10분

다. 준비물

1) 빈 종이와 색연필 또는 사인펜

2) 칭찬 스티커 또는 칭찬 배지

라. 수업 준비 팁

1) 학생들이 각자의 '잘하는 것'에 대해 고민하도록 분위기를 부드럽게 유도합니다.

2) 친구들의 이야기를 경청하는 태도에 대한 짧은 안내도 포함합니다.

3) 교실에 포용적인 분위기를 조성하기 위해 미리 긍정적인 음악을 틀어주세요.

3. 활동 지침

가. 수업 목표

1) 자기 이해와 긍정적 자기 브랜드 개발

학생들이 자신의 강점, 칭찬받은 경험, 그리고 성공적인 순간을 돌아보며, 자신을 잘 표현할 수 있는 단어와 이미지를 찾아 긍정적인 자기 브랜드를 개발하도록 돕습니다.

2) 타인에 대한 공감과 긍정적 상호작용 증진

친구들의 강점과 좋은 점을 경청하고, 이를 존중하며 긍정적으로 표현하는 활동을 통해 공감 능력과 긍정적인 상호작용 능력을 키웁니다.

나. 수업 전개

마음 열기   나를 표현하는 단어 찾기

◆ **수업 계획**: 15분

교사: "애들아, '나' 하면 떠오르는 건 뭐가 있을까? 선생님이 먼저 해 볼게요. 저는 '선생님' 하면 친절하고 웃음이 많은 모습이 떠오르는 것 같아! 그럼 이번에는 너희가 '놀이동산' 하면 뭐가 떠오르는지 한번 말해볼까?"

(자유롭게 자기 탐색을 할 수 있도록 유도한다.)

교사: 네, 여러분이 그림을 보고 생각나는 것을 각자 다양하게 얘기했어요.

그럼 96쪽에 지금까지 내가 잘한 것, 칭찬받은 것, 성공한 것 중에서 나를 표현할 수 있는 단어를 모두 써 보는 시간을 가질 거에요. 1분 정도 조용히 눈은 감고, 내가 잘해서, 칭찬받아서, 성공해서 기뻤던 순간들을 떠올려 보면서 생각나면 쓰고, 또 눈을 감고 생각하고를 반복하면서 써 보세요. 여러분이 얼마나 대단한 친구들인지 선생님이 정말 궁금해져요. (선생님은 잔잔한 음악을 3분 정도 틀려주고 생각에 집중할 수 있도록 한다.)

교사: 자, 이제는 여러분이 작성한 내용을 팀(짝꿍)에서 같이 이야기 나누는 시간을 가질 거에요. 각 팀에서 순서를 정해서 한 명씩 말하는 시간을 가질게요.

발견하기   '보여 주고 싶은 나' 브랜드 정하기

◆ **수업 계획:** 15분

교사: 그럼, 이번에는 너희가 잘했던 일, 칭찬받았던 일, 그리고 성공했던 일을 생각해 볼 거야. 책에 있는 게시판에 내가 잘한 일과 멋진 점을 단어로 적거나 그림으로 표현해 보자.

교사: 마무리가 거의 다 되었네요. 여러분은 예를 들어 이렇게 발표할 수 있어요. "나 OOO은 다른 친구를 도와줄 때 제일 기뻐요! "자, 친구들의 보여 주고 싶은 나를 들어볼까요? 하나, 둘, 셋!

(교사는 학생들에게 발표를 팀에서, 짝꿍에게, 대표 몇 명 등 정해서 발표를 유도하고, 친구들의 발표를 듣고, 교사가 먼저 친구의 발표 내용을 넣어서 "너 OOO은 다른 친구를 도와줄 때 제일 기쁘구나!"라고 하면 나머지 친구들이 함께 크게 말을 해준다.)

다. 수업 정리

감사하기

▶ 감사 나누기(10분)

4. 촉진 전략

가. 지지적이고 포용적인 학습 환경 조성

1) 아이들이 실수를 두려워하지 않도록 활동마다 격려의 말을 자주 사용합니다.

2) 모든 학생이 발표할 기회를 가질 수 있도록 공정하게 진행합니다.

나. 그룹 토론 및 활동 관리

1) 활동 중 학생들이 서로의 의견을 경청하며 존중하는 태도를 보이도록 유도합니다.

다. 민감한 주제 다루기

1) 아이가 스스로 강점 찾기를 어려워한다면 교사가 긍정적인 피드백을 제공하며 도와줍니다.

5. 추가 자료

가. 동요

〈내가 제일 잘 나가〉 노래를 통해 긍정적인 분위기 형성을 할 수 있습니다.

〈작은 별〉 노래를 개사하여 아이들의 장점을 표현하는 가사로 만들어 함께 불러봅니다.

나. 동화

〈아기 돼지 삼형제〉 이야기를 읽고, 각 돼지가 가진 장점을 이야기합니다. 가정에서 부모님과 함께 '내가 잘하는 것'을 더 찾아보고 다음 수업 시간에 나누기로 합니다.

다. 활동

1) 나의 나무 만들기: 활동 결과 중심으로 사고 확장이나, '보여 주고 싶은 나의 나무'를 만들어 봅니다.

2) 미니 인터뷰 활동: 학생들이 서로 짝을 지어 "당신이 가장 자랑스러웠던 순간은?"을 질문하고 발표하기.

6. 교사 노트

가. 수업 조정

발표를 어려워하는 학생에게는 짝 활동으로 진행할 수 있도록 조정합니다.

나. 문화적 가치 통합

지역사회와 관련된 가치(예: 친구와 협동하기)를 활동에 자연스럽게 포함합니다.

다. 개인화된 수업

교사의 이야기를 포함하여 학생들이 더 쉽게 공감할 수 있도록 개인 경험을 공유합니다.

라. 교사를 위한 확장 질문

1) 내가 적은 '잘하는 일' 중에서 가장 자랑하고 싶은 것은 무엇인가요? 그 일을 할 때 어떤 기분이 드나요?

2) 친구가 나의 '좋은 점'을 칭찬해 주었을 때 어떤 기분이 들었나요? 친구에게 어떤 말을 해주고 싶나요?

3) '나의 브랜드'를 만들면서 나에 대해 새롭게 알게 된 점이나 더 발전시키고 싶은 점이 있나요?

4-2-❷ 내가 잘하는 점 찾아보기

1. 목적과 목표

가. 교육 목표

1) 자기 인식 강화: 학생들이 자신의 강점을 인식하고, 자신감과 긍정적인 자아개념을 형성합니다.

2) 미래 비전 설정: 자신이 잘하고 싶은 점을 통해 앞으로의 목표와 꿈을 구체화합니다.

3) 공감과 칭찬 실천: 친구의 강점을 발견하고 칭찬하며 긍정적인 상호작용을 촉진합니다.

나. 교육 목적(발달적 연관성)

1) 정서적 발달

자신에 대한 긍정적인 인식을 통해 자아 존중감을 향상시키고, 친구와의 상호작용에서 감정적으로 성숙한 태도를 기를 수 있습니다.

2) 사회적 발달

친구들과의 칭찬과 긍정적인 피드백을 통해 협력, 소통, 공감 능력을 발달시킬 수 있습니다.

2. 수업 구성

가. 학습 성과

1) 자신이 잘하는 점과 잘하고 싶은 점을 신체 부위와 연결하여 구체적으로 표현할 수 있습니다.

2) 친구와 함께 칭찬하며 긍정적인 상호작용을 통해 서로를 격려할 수 있습니다.

3) 나의 미래 캐릭터를 그리며 자신감을 키우고, 친구들의 멋진 모습에 대해 이야기할 수 있습니다.

나. 제안 시간

1) '마음 열기' 단계: 10분

2) '떠올리기' 단계: 20분

3) '감사하기' 단계: 10분

다. 준비물

1) 색연필, 필기도구, A4 종이

2) 신체 각 부위(예: 손, 발, 얼굴 등)에 맞는 그림이나 아이콘

3) 칭찬 카드 또는 스티커

라. 수업 준비 팁

1) 학생들이 신체 부위와 관련하여 잘하는 점을 표현할 수 있도록 미리 예시를 보여줍니다.

2) 친구들의 잘하는 점을 칭찬할 때, 구체적으로 어떤 점이 좋았는지 언급할 수 있도록 유도
합니다.

3. 활동 지침

가. 수업 목표

1) 자신의 잘하는 점과 잘하고 싶은 점을 찾고, 신체 부위를 통해 이를 표현해봅니다.

2) 자신과 친구들의 강점을 칭찬하고, 서로의 미래 모습을 그리며 긍정적인 변화를 상상해봅
니다.

나. 수업 전개

마음 열기　내가 잘하는 점, 잘하고 싶은 점은 뭘까?

◆ 수업 계획: 10분

▶ 내가 잘하는 점, 잘하고 싶은 점을 신체 부위에 써 봅시다.

교사: "내가 잘하는 점, 잘하고 싶은 점은 무엇일까?" 이런 생각을 해본 친구 손 한번 들어 볼까요? 아~, 그렇구나. 지금 나의 신체 부위 여기저기를 들여다보면서 각자 손, 발, 얼굴 등에 내가 잘하는 점, 잘하고 싶은 점을 한번 찾아서 책에 글로 써 보거나 그림으로 표현하는 시간을 가질 거예요. 그림 그리기 어려운 친구는 단어로 표현해도 좋아요.

교사: 책 100쪽에 다른 친구의 예시를 한번 볼까요? 여러분이 잘하는 점과 잘하고 싶은 점을 신체의 각 부분에 써 볼 거예요. 예를 들어, '내가 손으로 잘 그려요!' 또는 '내가 다리로 빨리 달릴 수 있어요!' 이렇게 쓸 수 있어요. 각자 자신만의 잘하는 점과 잘하고 싶은 점을 표현해 보세요.

▶ 나와 친구의 신체 각 부분이 잘하는 점, 잘하고 싶은 점을 알고 나서 느낀 점을 서로 이야기해봅시다.

교사: 이제 나와 친구의 신체 각 부분의 잘하는 점, 잘하고 싶은 점을 서로 나누는 발표를 할 거예요. (교사는 팀, 짝꿍, 자원하는 학생 등 자유롭게 선택하기, 단, 반에서 위의 방식을 가능한 한 다양하게 활용하기)

▶ 친구가 잘하는 점을 서로 칭찬해 줍시다.

교사: 이제 여러분이 쓰거나 그려 놓은 내용들을 친구들과 나누어 볼 거예요. 친구가 잘하는 점과 잘하고 싶은 점을 알게 되면, 우리가 서로 얼마나 다른지 알 수 있죠? 서로 이야기하고, 그 친구가 얼마나 멋진지, 어떤 점이 대단한지 말해주세요. 서로 칭찬하면서 자랑해보세요! (자유롭게 이야기 유도한다.)

떠올리기   나의 미래 캐릭터 그리기

◆ 수업 계획: 20분

교사: 우리 친구들, 모두 그림 그리기 준비됐나요? 오늘은 아주 특별한 시간을 가질 거예요! 우리가 '미래의 나'를 상상하면서 나만의 멋진 캐릭터를 만들어 볼 거예요. 여러분이 잘하는 점과 잘하고 싶은 점을 생각하면서, 멋진 나로 변신한 모습을 그림으로 표현해 보는 거예요.

교사: 그럼 먼저 생각해볼까요? 내가 지금 잘하는 게 뭐가 있을까요? 아, 그리고 앞으로 더 잘하고 싶은 것도 떠올려 보세요. 예를 들어, 지금은 그림을 잘 그리지만, 더 멋진 그림을 그리는 사람이 되고 싶다고 상상해도 좋아요. 또는 친구들을 도와주는 걸 잘해서, 나중엔 더 많은 사람을 도울 수 있는 사람이 되고 싶다고 그려도 멋지겠죠!"

▶ 내가 잘하는 점, 잘하고 싶은 것을 통해 변화되고 싶은 미래 캐릭터를 그려봅시다.

교사: 여러분, 여러분이 잘하는 점과 잘하고 싶은 점을 바탕으로, 여러분의 미래 캐릭터를 그려보세요. 여러분이 원하는 모습, 그리고 나중에 변하고 싶은 모습을 그려봅시다.

교사: (칭찬, 격려 필요시 예시처럼 해도 좋다)

예시1: 어머, 우리 민준이 벌써 손을 들었네요! 민준이는 축구를 정말 잘하잖아요. 그럼 미래에는 더 멋진 축구선수가 된 민준이를 그려보면 어때요? 정말 기대돼요!"

"서연이는 항상 친구들에게 웃음을 주잖아요. 그래서 나중에는 더 많은 사람을 행복하게 만들어 주는 모습을 그리면 좋을 것 같아요. 정말 멋질 거예요!

예시2: 우와! 다들 열심히 그리고 있네요. 지금 그림을 그리면서 어떤 모습이 떠오르나요? 음… 예진이는 손을 들었네요. '선생님, 저는 책 읽는 걸 좋아해서 나중에 유명한 작가가 되고 싶어요!' 와! 정말 멋진 꿈이에요. 예진이의 그림을 보니, 작가가 된 예진이 모습이 정말 멋질 것 같아요!

준호는 웃으면서 그림을 그리고 있네요. 어떤 캐릭터를 그리고 있는지 조금 알려줄 수 있어요? 아, 준호는 친구들과 함께 놀이를 잘 이끌어서 나중에는 멋진 선생님이 되고 싶군요! 와, 준호 선생님이라니 정말 대단할 것 같아요!

교사: 이제 우리가 모두 그린 그림을 친구들에게 보여 주고, 어떤 미래를 꿈꾸고 있는지 이야기해볼까요? 친구들의 발표를 들을 때는 모두가 집중해서 들어야 해요. 그리고 멋진 점을 발견하면 꼭 칭찬도 해 주세요.

교사: 자, 첫 번째 발표자는 수아예요! 수아가 그린 미래 캐릭터는 무엇인가요?

(수아 발표 후) 수아가 그림에 담은 미래 모습이 정말 멋지네요! 친구들에게 사랑을 나누는 모습이 너무 따뜻해요. 여러분, 수아에게 한마디씩 칭찬해 줄까요?

맞아요! 수아는 정말 배려심이 많아요.

수아처럼 따뜻한 친구가 된다면 정말 멋질 것 같아요!

다음은 도영이! 도영이가 그리고 싶은 미래 캐릭터는 무엇인가요?

(도영 발표 후) 우와! 도영이는 나중에 발명가가 되고 싶대요. 정말 멋진 꿈이에요! 도영이가 그린 발명가의 모습이 얼마나 창의적인지 보이죠? 친구들, 도영이가 발명가가 되면 어떤 멋진 점이 있을까요?

도영이는 정말 상상력이 뛰어나요!, 발명가 도영 덕분에 세상이 더 편해질 것 같아요!

교사: 모두 정말 멋진 미래를 꿈꾸고 있네요. 여러분의 그림 하나하나가 너무 특별해서 선생님도 감동했어요. 친구들의 꿈과 강점을 들어보니, 우리 교실에 이렇게 재능 많고 멋진 친구들이 있다는 게 정말 자랑스러워요!

다. 수업 정리

감사하기

▶ 감사 나누기(10분)

교사: 마지막으로 친구들에게 한 마디씩 감사의 말을 적어볼까요? 예를 들어, '민지야, 너는 그림을 정말 잘 그려서 고마워!' 혹은 '현우야, 너는 발표를 재미있게 해 줘서 고마워!' 이렇게 요. 서로에게 감사와 칭찬을 적어보면, 더 행복한 기분이 들 거예요.

교사: 오늘 정말 수고했어요! 여러분이 그린 미래 캐릭터가 얼마나 멋진지 선생님도 잊지 않을게요. 이 그림은 꼭 간직하고, 나중에 힘들 때 꺼내 보면서 '내가 이런 멋진 꿈을 꾸고 있었지!' 하고 용기를 얻으면 좋겠어요.

4. 촉진 전략

가. 지지적이고 포용적인 학습 환경

1) 활동 시작 시 명확한 지침과 따뜻한 격려를 합니다.

2) 활동에 앞서 "자신의 강점을 발견하는 시간이므로, 서로 존중하고 응원하는 마음으로 참여해 주세요."와 같은 메시지로 긍정적인 분위기 형성합니다.

3) 학생들의 의견과 감정을 수용하며 참여를 독려합니다.

나. 그룹 토론 및 활동 관리

1) "친구들이 이야기할 때 잘 들으며 존중하는 태도를 보여 주세요."라는 지침으로 경청과 존중을 강조합니다.

2) 균형 잡힌 발언 기회 제공과 활발한 토론을 유도합니다.

3) 학생들이 협력과 소통 능력을 기르도록 질문과 격려를 활용합니다.

다. 민감한 주제 다루기

1) "여러분이 잘하는 점을 이야기할 때 부끄럽거나 어려울 수 있지만, 모두가 존중하는 마음으로 서로를 칭찬해 주세요."라는 메시지로 자신감 북돋워 줍니다.

2) 긍정적인 피드백 제공과 학생 의견의 소중함 지속적으로 강조합니다.

3) 신뢰와 지지가 느껴지는 환경을 조성합니다.

5. 추가 자료

가. 동요

1) 〈나는 나〉 - 긍정적인 자아를 촉진하는 노래입니다.

2) 〈나는야 멋진 사람〉, 〈내가 제일 잘 나가〉 같은 노래를 통해 자존감을 높이는 데 도움을 줄 수 있습니다.

나. 동화

〈나는 무엇을 잘할까요?〉라는 주제의 동화로 활동을 보강할 수 있습니다.

다. 확장 활동

1) 거울 게임

친구와 마주 보며 서로의 강점과 잘하는 행동을 관찰하고 말해주는 게임이고 활동 후 "내가 느낀 가장 멋진 점"을 그림으로 표현할 수 있습니다.

2) 칭찬 릴레이

친구들끼리 돌아가며 "네가 잘하는 점은…"으로 시작하는 칭찬을 이어가는 활동입니다.

3) 미래 캐릭터 스케치북

각자 자신이 되고 싶은 모습을 그림으로 표현하고, 해당 캐릭터가 갖추고 있는 강점들을 적어 봅니다. 발표 시간에 서로의 그림과 강점을 이야기하며 친구의 미래 캐릭터를 응원하며 서로 격려합니다.

6. 교사 노트

가. 수업 조정

다양한 교실 환경에 맞게 활동을 조정할 수 있습니다. 예를 들어, 공간이 부족한 경우 앉아서 할 수 있는 미술 활동으로 변형하거나, 그룹 활동에서 아이들이 서로 협력하도록 유도하는 방법을 사용할 수 있습니다.

나. 문화적 가치 통합

아이들이 자라나는 지역 사회의 문화적 가치를 수업에 통합하려면, 각 학생들이 속한 지역의 특성이나 전통적인 요소를 고려하여 칭찬하는 방식을 다양하게 조정할 수 있습니다.

다. 개인화된 수업

각 아이의 성격에 맞춰 수업을 개인화할 수 있습니다. 예를 들어, 내성적인 아이는 활동 후 칭찬 카드를 받거나 비공식적인 대화를 통해 자신감을 키울 수 있습니다.

라. 교사를 위한 확장 질문

1) 내가 신체 각 부위(예: 손, 발, 얼굴)에 적은 '잘하는 점'과 '잘하고 싶은 점' 중 가장 자랑하고 싶은 것은 무엇이고, 그 이유는 무엇인가요?

2) 친구가 나의 신체 부위에 대해 칭찬해준 말 중 가장 기뻤던 것은 무엇이었나요? 그 칭찬이 나에게 어떤 기분을 주었나요?

3) 내가 그린 미래 캐릭터를 통해 어떤 모습으로 성장하고 싶나요? 그 목표를 이루기 위해 지금부터 무엇을 노력해야 할까요?

4-2-❸ 내가 잘하는 것 보여 주기

1. 목적과 목표

가. 교육 목표

1) 자기 인식 개발

학생들이 자신이 잘하는 것, 좋아하는 것, 장점 등을 인식하고 스스로의 가치를 발견하도록 돕습니다.

2) 공감 촉진

자신과 친구들의 장점을 발견하고 공유하며 상호 존중과 공감을 배웁니다.

3) 긍정적인 자기표현 촉진

학생들이 자신을 긍정적으로 표현하는 방법을 배우고, 이를 통해 자신감과 자부심을 키웁니다.

나. 교육 목적(발달적 연관성)

1) 정서적 발달

학생들이 자신의 감정을 이해하고 표현하는 데 도움을 주며, 자신감과 긍정적인 정서를 키웁니다.

2) 사회적 발달: 학생들이 협력과 소통을 통해 다른 사람의 의견을 존중하고 관계를 발전시키는 능력을 배웁니다.

2. 수업 구성

가. 학습 성과

1) 나만의 '효도 쿠폰'을 만들고 부모님을 기쁘게 할 방법을 스스로 생각할 수 있습니다.

2) '최고의 나' 상자를 만들며 나의 강점과 긍정적 자질을 표현할 수 있습니다.

나. 제안 시간

1) '마음 열기' 단계: 10분-너는 특별하단다

2) '고르기' 단계: 20분-효도 쿠폰 만들기 & 나의 브랜드 만들기

3) '감사하기' 단계: 10분

다. 준비물

1) 색연필, 사인펜, 가위, 풀, A4 종이(상자 만들기 도안 제공)

2) 필기도구, 스티커, 가슴 모양 종이

라. 수업 준비 팁

1) 학생들이 부담 없이 자신의 이야기를 표현할 수 있도록 격려합니다.

2) 예시를 준비해 학생들의 이해를 돕습니다. (예: 교사가 만든 상자나 쿠폰)

3) 아이들이 활동에 집중할 수 있도록 배경 음악을 활용해 부드러운 분위기를 만듭니다.

3. 활동 지침

가. 수업 목표

1) 효도 쿠폰 만들기

- 쿠폰 3개를 각각 자신이 잘하는 것, 좋아하는 것, 미래 캐릭터와 관련된 주제로 작성합니다.

- 작성한 쿠폰을 꾸며서 부모님께 어떻게 사용할지 친구들과 나눕니다.

2) '최고의 나' 상자 만들기

- 제공된 상자 도안을 색칠하고, 각 면에 자신이 좋아하는 것, 잘하는 것, 장점, 어울리는 직업 등을 적거나 그립니다.

- 상자 안에 자신이 목표로 하는 미래 캐릭터의 그림이나 글을 넣습니다.

3) 완성된 상자와 쿠폰을 친구들과 공유하며 서로의 강점을 칭찬합니다.

나. 수업 전개

◆ **수업 계획:** 15분

▶ **부모님을 기쁘게 해 드릴 효도 쿠폰 만들기**

교사: 여러분, 오늘은 부모님을 정말 행복하게 만들어 드릴 효도 쿠폰을 만들어 볼 거예요. 효도 쿠폰은 여러분이 좋아하는 것, 잘하는 것, 그리고 여러분만의 멋진 미래 모습을 담아서 만들어 보아요! 여러분이 가진 멋진 재능을 생각하며 한 장 한 장 정성껏 만들어 볼까요? 선생님은 여러분이 얼마나 멋진 아이디어를 내놓을지 정말 기대돼요!

▷ **활동 안내**

교사: 각자 효도 쿠폰 3장을 만듭니다. 쿠폰 주제는 '내가 좋아하는 것', '내가 잘하는 것', '내 장점' 혹은 '내 미래 캐릭터' 중에서 고르는 것이에요. 완성한 쿠폰은 예쁘게 꾸미고, 부모님께 어떻게 드릴지, 또 쿠폰을 어떻게 사용하면 좋을지 친구들과 이야기하고 발표하도록 할게요.

▷ **쿠폰 주제 예시**

- 내가 잘하는 것: "노래를 불러드릴게요."

- 나의 장점: "엄마 아빠를 도와 청소할게요."

- 나의 미래 캐릭터: "미래의 요리사가 되어 맛있는 음식을 만들어 드릴게요."

교사: 효도 쿠폰을 다 만들었나요? 이제 친구들과 나눠볼 시간이에요. 내가 만든 쿠폰을 친구들에게 보여 주고, 부모님께 드릴 때 어떤 말을 할지 이야기해봐요. 친구의 이야기를 들으면서 새로운 아이디어도 얻을 수 있을 거예요. 친구의 이야기에 선생님은 여러분이 서로를 격려하는 모습을 보고 싶어요. "

교사: 다 마무리되어 가네요. 그럼, 여러분이 만든 쿠폰을 친구에게 소개하고, "내가 만든 쿠폰을 이렇게 사용할 거예요!"라고 발표해 보도록 해요.

고르기   '최고의 나' 상자 만들기

◆ **수업 계획:** 15분

교사: 여러분은 정말 특별하고 소중한 존재예요. 오늘은 여러분의 특별함을 담은 '최고의 나' 상자를 만들어 볼 거예요. 상자에는 내가 좋아하는 것, 잘하는 것, 나를 기쁘게 하는 것, 내 장점, 그리고 어울리는 직업 등을 적거나 그림으로 표현해 보아요. 그리고 상자 안에는 1단원에서 했던 나의 씨앗도 넣어볼까요? 여러분만의 특별한 보물 상자를 만들어 보는 거예요! 선생님은 여러분이 만든 상자를 보는 순간 얼마나 자랑스러울지 벌써 기대돼요.

▷ **활동 안내**

– 부록의 '잘하는 것' 상자 도안을 사용해 상자를 색칠하고 꾸밉니다.

– 각 면에 자신이 좋아하는 것, 잘하는 것, 나를 기쁘게 하는 것, 장점, 미래에 어울리는 직업 등을 적거나 그립니다.

– 상자 안에는 자기 씨앗(1단원 활동)과 목표로 하는 미래 캐릭터의 그림이나 글을 넣습니다.

– 씨앗 넣기

1단원 활동에서 작성했던 '나의 씨앗'을 상자 안에 넣으며 "이 씨앗이 나의 최고가 되도록 자랄 거예요."라고 다짐합니다.

교사: 자, 이제 여러분이 만든 '최고의 나' 상자를 친구들에게 보여줄 시간이에요. 각자 상자를 소개하면서 여러분이 어떤 점에서 특별한지 이야기해볼까요? 친구의 이야기를 들으면서 멋지다고 느낀 점이 있다면 꼭 말해주세요. 여러분은 서로에게 긍정적인 에너지를 주고받을 수 있는 소중한 친구들이잖아요. 선생님도 여러분의 이야기를 들으며 많이 배울 것 같아요!

교사: 친구들 앞에서 만든 상자를 소개하며 자신만의 잘하는 점, 특별한 점을 이야기합니다. 다음, 친구들의 발표를 듣고 서로의 좋은 점을 칭찬하며 긍정적인 피드백(대화)를 나누세요.

교사: 이렇게 합니다. 만든 상자를 친구에게 소개해요.

(예시) "나는 그림을 그려서 이 상자에 '확'이라는 단어를 적었어요."

교사: 오늘 여러분이 만든 쿠폰과 상자를 보니, 정말 한 명 한 명 모두가 특별하고 멋진 친구라는 생각이 들어요. 선생님은 여러분의 창의력과 따뜻한 마음에 정말 감동했어요. 오늘 활동을 통해 자신감도 얻고, 부모님께도 특별한 선물을 드릴 수 있어서 뿌듯하지요? 여러분 모두 정말 최고예요! 다음 시간에도 우리 함께 재미있고 특별한 활동을 해봐요.

다. 수업 정리

감사하기

▶ 감사 나누기(10분)

4. 촉진 전략

가. 지지적이고 포용적인 학습 환경 조성

1) 학생들이 자신의 의견을 편안하게 표현할 수 있도록 격려하는 언어를 사용합니다.

2) "너희가 만든 효도 쿠폰과 상자는 정말 특별하구나. 모두가 각자의 개성이 잘 드러난 것 같아."와 같은 긍정적인 피드백을 제공합니다.

나. 그룹 토론 및 활동 관리

1) 학생들을 작은 그룹으로 나누어 각자의 쿠폰과 상자를 발표하게 하고, 그룹 내에서 칭찬하는 시간을 가집니다.

2) 모든 학생이 발언 기회를 가질 수 있도록 교사가 균형을 맞춥니다.

다. 민감한 주제 다루기

1) 자신의 강점에 대한 표현이 서툰 학생들에게 "모든 사람은 특별한 점이 있어요. 너의 이야기를 듣고 싶어."라고 격려합니다.

2) 부정적인 반응 없이 학생의 표현을 수용하며 긍정적인 방향으로 유도합니다.

5. 추가 자료

가. 동요

1) 〈네 손가락 피아니스트〉 - 자신의 장점을 발견하고 발전시키는 내용을 담은 동요.

2) 〈**참 잘했어요**〉 - 친구들의 강점을 칭찬하고 격려하는 동요.

3) 〈**우리는 친구**〉 - 서로를 이해하고 존중하는 태도를 키워주는 동요.

나. 동화

1) 〈**나는 나야**〉 - 자신만의 장점을 긍정적으로 바라보게 하는 이야기.

2) 〈**토끼와 거북이의 새로운 이야기**〉 - 각자의 강점을 인정하며 협력의 가치를 배우는 동화.

다. 활동

1) 강점 일기 쓰기

매일 자신이 잘했던 일이나 친구를 칭찬한 내용을 기록.

2) 협력 퍼즐 맞추기

그룹별로 퍼즐 조각에 각자의 강점을 적어 완성.

3) 미래 직업 카드 게임

다양한 직업 카드를 보고 자신에게 어울리는 직업을 찾아 발표.

6. 교사 노트

가. 수업 조정

1) 시간이 부족할 경우 활동 수를 줄이고, 발표 시간을 간단히 조정합니다.

2) 학습 수준에 따라 활동 난이도를 조절합니다.

나. 문화적 가치 통합

1) 효도 쿠폰 활동에서 학생들이 자신의 가족 문화와 연관된 내용을 포함하도록 장려합니다.

2) 지역사회의 직업과 관련된 요소를 '최고의 나' 상자 만들기에 통합합니다.

다. 개인화된 수업

1) 교사의 교육 스타일에 맞춰 활동 진행 방식을 다양화합니다.

2) 학생들의 강점을 칭찬하는 시간을 더 늘리거나, 교사가 직접 예시를 보여 주는 등 유연하게 적용합니다.

라. 교사를 위한 확장 질문

1) 내가 가장 잘하는 일이나 좋아하는 것은 무엇인가요? 그리고 그것을 어떻게 나만의 특별한 장점으로 만들 수 있을까요?

2) 부모님이나 가족을 기쁘게 하기 위해 내가 할 수 있는 일은 무엇이 있을까요? 그 일은 나의 어떤 장점과 연결될까요?

3) 내가 꿈꾸는 미래의 모습이나 직업은 무엇인가요? 그 꿈을 이루기 위해 지금부터 무엇을 준비하면 좋을까요?

* 본 교수-학습지도안은 초등학교 1~2학년의 수준에 맞게 설계되어, 자기 인식과 친구와의 공감 능력을 동시에 키우도록 구성되었습니다.